Nyland Dokumente 24

www.nyland.de
nyland@nyland.de

Burkhard Spinnen

Und jetzt Corona!

Wortmeldungen und Monologe aus der frühen Pandemiezeit

Nyland-Stiftung

Nylands Dokumente 24

Nyland Dokumente
hg. im Auftrag der Nyland-Stiftung, Köln,
von Walter Gödden
Band 24

Die Deutsche Nationalbibliothek verzeichnet diese Publikation in der Deutschen Nationalbibliografie; detaillierte bibliografische Daten sind im Internet über https://portal.dnb.de/ abrufbar.

Gedruckt auf umweltfreundlichem, chlorfrei gebleichtem und alterungsbeständigem Papier.

Titelfoto: privat

Bücher der Nyland-Stiftung, Köln,
im Aisthesis Verlag
www.aisthesis.de

© 2023 Nyland-Stiftung, Köln
Umschlaggestaltung: Germano Wallmann
ISBN: 978-3-8498-1867-8
Druck: docupoint, Barleben

Inhalt

Das war ein Vorspiel nur
Ein Nachwort als Vorwort

In diesem Sommer 2022, dem dritten mit Corona, sind die Krankmeldungen in meinem Bekanntenkreis explodiert. Die Omikron-Variante, die wir alle seit Monaten ängstlich daraufhin beobachten, ob sie tatsächlich zugleich ansteckender und ungefährlicher ist, erweist sich nach meinen persönlichen Wahrnehmungen als beides. Mir kommt es so vor, als würde es jetzt jeden treffen. Und als würden zumindest die allermeisten ihre Infektion ganz gut überstehen.

Mich selbst erwischte es Ende Mai ausgerechnet dort, wo ich mich zweieinhalb Jahre lang am allersichersten gewähnt hatte, nämlich in der Einsamkeit der Kellerwerkstatt in unserem Haus. Ein Bekannter kam zu Besuch, um mich bei einer Handwerksarbeit zu beraten, drei Tage später hatte ich den zweiten Strich im Schnelltest.

Da ich inzwischen viele Gespräche über die Krankheitsverläufe in meinem Bekanntenkreis geführt habe, kann ich meinen eigenen Fall ziemlich gut einordnen. Ich gebe ihm eine 3,4 auf einer Skala von eins bis zehn, in der eins bedeutet: gar nichts gemerkt, während eine zehn für den Aufenthalt auf der Intensivstation steht. Da ist 3,4 ein sehr moderater Wert, der von der Kürze meiner akuten Krankheitsphase rührt (drei Tage), von der verhältnismäßigen Milde meiner Symptome und insbesondere vom Ausbleiben der Sorge, ich könnte ernsthaft und vor allem dauerhaft erkranken. Da ich das jetzt niederschreibe, zwei Monate nach der Erkrankung, möchte ich den Wert noch einmal von 3,4 auf 3,2 reduzieren.

Natürlich wäre mein Leben eine Woche lang erheblich besser ohne die Infektion verlaufen. Ich hätte lesen, schreiben, mit unserer Hündin Adele durch den Wald gehen und mit Appetit meine Lieblingsgerichte essen können. Aber vor Jahren hat mich ein banaler Weisheitszahn mehrere Wochen lang fast zur Verzweiflung gebracht. Dagegen war mein Corona erträglich.

Und, ich sage das freimütig, seit meiner Infektion geht es mir im Großen und Ganzen deutlich besser als in den fast zweieinhalb Jahren zuvor. Ich halte mich jetzt keineswegs für unsterblich (bezogen auf Corona); ich wiege mich nicht einmal in der Sicherheit, kein weiteres Mal infiziert zu werden, womöglich mit schlimmeren Folgen. Aber ich fühle mich jetzt, zu meinem eigenen Erstaunen, stark genug, Corona wenn nicht für erledigt zu erklären, so doch etwas weiter in den Hintergrund meines Lebens zu verweisen.

Und dafür ist es auch höchste Zeit, denn ich brauche meine Kraft für andere Herausforderungen. Nach meinem Empfinden (und sicher nicht nur nach meinem) hat der Ausbruch des Ukraine-Krieges am 24. Februar 2022 im Ranking des globalen Schreckens die Pandemie hinter sich gelassen. Schon nach wenigen Tagen holte er auch mich und meine Arbeit ein. Zu Beginn des Jahres 2020 hatte ich einen Roman begonnen, der schon in einem frühen Stadium von der Pandemie gewissermaßen okkupiert worden war. Zwei Jahre später, wenige Tage nach dem Einmarsch der russischen Armee in die Ukraine, erschien mir der Text, inzwischen vollendet und über vierhundert Manuskriptseiten stark, urplötzlich, wie soll ich sagen? – wie Vorkriegsware, für die man womöglich niemanden mehr interessieren kann. Mich jedenfalls interessierte er in der vorliegenden Fassung nicht mehr so recht; und nach einer sehr schmerzhaften Überlegungsphase habe ich ihn vorerst aufgegeben. So erscheint nun, mag es zur Weltlage passen oder nicht, statt des Romans dieses Buch mit Texten aus der Corona-Zeit.

Damit ist es natürlich auch Vorkriegsware. Es dokumentiert meine über anderthalb Jahre betriebenen Versuche, der sehr begreiflichen Aufregung und dem oftmals sehr überflüssigen Gerede und Geschrei versuchsweise Wortmeldungen entgegenzusetzen, die sich an Idealen wie Genauigkeit in der Sache und Bedächtigkeit im Ton orientierten. In meinen fiktiven Monologen der „Pandemiegewinner" wollte ich darüber hinaus die vermittelnde Kraft von Ironie und Humor bei der Bewältigung der Lage nutzen.

Meine Leserinnen und Leser mögen für sich beurteilen, inwieweit meine Texte inzwischen von der Zeit überholt worden sind. Ich selbst würde sie alle noch einmal ziemlich genau so schreiben, wie ich sie geschrieben habe – deshalb auch diese Buchveröffentlichung. Wenig, oder eigentlich gar nichts von meinen Überzeugungen habe ich in der Zwischenzeit über Bord geworfen. So bin ich, um nur ein Beispiel zu nennen, trotz ihrer unbefriedigenden Ergebnisse weiterhin vom Sinn der Impfkampagnen überzeugt.

Aber es geht ja nun wirklich nicht ums Rechtbehalten oder ums Besserwissen, sollte es jedenfalls nicht. Meines Erachtens geht es im Moment vor allem darum, ob wir die Erkenntnisse aus der Corona-Zeit als einer

Zeit gesamtgesellschaftlicher Belastung in den nächsten Monaten und Jahren anwenden können, wenn womöglich – und eher wahrscheinlich – noch viel größere Belastungen auf unser Gemeinwesen zukommen. Seit dem 24. Februar 2022 sehe ich die Corona-Zeit zunehmend als eine Art Testphase. Eine Gesellschaft wie die unsere, die sich in den letzten fünfundsiebzig Jahren allmählich in die Vorstellung verrannt hat, dass die Abwesenheit von Krieg und Hunger etwas Selbstverständliches sei, diese Gesellschaft wird sich in Zukunft immer größeren Herausforderungen ausgesetzt sehen: durch pandemische Erkrankungen, durch militärische Aggressoren, durch wirtschaftliche Einbrüche und durch die unabsehbaren Folgen des Klimawandels.

Corona war ein Vorspiel nur. Eine Übung. Eine Übung in gesellschaftlichem Zusammenhalt, in Verzicht und Disziplin. Es war auch eine Übung darin, in Zeiten einer sofortigen und weltweiten Publikation von jeder noch so wackligen oder abseitigen Meinung einen fruchtbaren Diskurs zu führen und einander nicht mit Fake News, Hasstiraden, Verschwörungstheorien und dummem Gerede um den Verstand zu bringen.

Meine Beiträge zu dieser Übung habe ich von April 2020 bis August 2021 abseits der großen Medien und Plattformen auf meiner privaten Webseite publiziert. Jetzt sind sie hier versammelt. Ich habe sie für die Veröffentlichung durchgesehen, aber nicht wesentlich verändert. Ich danke allen Besuchern meiner Webseite für ihre durchweg unaufgeregten Kommentare. Walter Gödden danke ich für sein Interesse an meiner Arbeit und für die Ermunterung zu diesem Buch.

Münster, im Herbst 2022

1. Besser blind?
Pest und Corona (17. April 2020)

Wenn ich es richtig verstanden habe, dann war der „schwarze Tod" blind. Das heißt, den Pestepidemien im Mittelalter fielen Menschen aller Altersgruppen und aller Stände gleichermaßen zum Opfer. Es gab keine biologische und keine soziale Differenzierung in mehr oder weniger betroffene Gruppen, und niemand konnte sich auf Dauer wirksam schützen, weil keine wirkliche Einsicht in die Übertragungsmechanismen bestand. Erst fünfhundert Jahre später, Ende des neunzehnten Jahrhunderts, wurden Ratten und Flöhe als Überträger identifiziert und Gegenmittel entwickelt. Bis dahin kursierten allenfalls vage Theorien über eine Vergiftung der Luft durch „Miasmen". Der wenig hilfreiche Irrglaube hat sich bis heute in einer Redewendung erhalten, deren historischer Bezug den meisten Sprechern kaum bewusst sein dürfte, wenn sie von „verpesteter Luft" sprechen. Als einziges sinnvolles Abwehrmittel gegen die Ausbreitung der Epidemie wurde im Mittelalter die Quarantäne (französisch: eine Vierzigtagesfrist) eingeführt und praktiziert; allerdings wurden nur Menschen oder Schiffe in Quarantäne genommen und nicht die Ratten als die sehr viel gefährlicheren Überträger.

Ich wiederhole es: Die Pest tötete wahllos. Alter, gesundheitlicher Allgemeinzustand oder gesellschaftlicher Rang spielten dabei keine entscheidende Rolle. Ratten waren damals allgegenwärtig, und von Flöhen wurde jeder gebissen, egal ob er auf der Straße schlief oder im Alkoven eines Schlosses. In den großen Epidemien des Mittelalters löschte die Pest einen bedeutenden Anteil der Bevölkerung in Europa aus; Schätzungen liegen bei einem Drittel und darüber. Sie veränderte soziale, ökonomische und politische Strukturen. Das Ende des einheitlich religiös geprägten Mittelalters sei, so habe ich gelesen, wesentlich durch die Pest initiiert worden. Tatsächlich war damals nach der Pest (wie es jetzt für die Zeit nach Corona prophezeit wird) nichts mehr wie zuvor; das reichte vom Autoritätsverlust der katholischen Kirche, die weder Hilfe hatte leisten noch Trost hatte spenden können, bis hin zur tiefgreifenden Umgestaltung ökonomischer Strukturen durch die Reduktion der Bevölkerung.

Die Pest war also blind. Sie tötete ohne Ansehen der Person. Man erinnert sich an die Justitia, die den Menschen, den sie richtet, nicht ansieht.

Corona hingegen ist offenbar nicht „blind". Die neue Pandemie scheint ein Auge, vielleicht sogar beide Augen auf bestimmte Teile der Bevölkerung zu richten. Hier bei uns in Europa sind es insbesondere alte und, wie es jetzt immer heißt, „vorerkrankte" Menschen. Das Durchschnittsalter derer, die in Europa an Corona schwer oder gar auf den Tod erkranken, liegt offenbar über siebzig Jahre, während die überwiegende Anzahl jüngerer Menschen, die sich infizieren, einen milden Krankheitsverlauf erleben oder sogar symptomfrei sind.

So scheint es jedenfalls bei uns zu sein, in einem verhältnismäßig reichen Land. Nach dem, was ich höre und lese, könnte Corona anderswo andere „Prioritäten" setzen. Ich sehe zum Beispiel einen Bericht über die Lage in den Favelas von Brasilien, der nahelegt, dass in Ländern mit schlechtem Gesundheitssystem und hoher Bevölkerungsdichte besonders die Armen betroffen sind. Wird daher bei einer ungehinderten Ausbreitung der Seuche in diesen Ländern deren politische und ökonomische Gesamtverfassung mehr oder weniger leiden als unsere? Ein anderer Aspekt: Gelingt womöglich den traditionell von Autorität und Hierarchie geprägten Staaten (z.B. China oder Südkorea) eine schnellere Eindämmung der Seuche als den liberal orientierten Staaten des Westens? Ist es etwa leichter, eine chinesische Millionenstadt zu isolieren als ein deutsches Altersheim?

Ich weiß keine Antworten auf diese Fragen. Und wie sollte ich auch mehr wissen als die Epidemiologen, die jetzt dauernd aufzählen, was sie alles über Corona nicht oder noch nicht wissen. Ich bin nur einer von den Millionen, die den Empfehlungen und den Regeln gemäß zu Hause in ihrem persönlichen Lockdown sitzen und zur Kenntnis nehmen, was über die Medien verbreitet wird. Draußen scheint die Sonne, aber ich treffe mich mit niemandem, führe nur unsere Hunde so regelmäßig wie immer in den nahen Wald. Um meine Laune zu bessern, mache ich Touren mit dem Motorroller, was als besonders sicher gelten darf. Als Schriftsteller ist es bislang noch nicht allzu schwer für mich, in Quarantäne zu leben. Ich erteile mir, wie schon zuvor, allmorgendlich den Auftrag, weiter an meinem Roman zu schreiben; und das tue ich wie immer schon zu Hause in meinem Arbeitszimmer.

Aber ich grüble!

Wird es mich treffen? Und wie trifft es mich dann? Aus Dutzenden einschlägiger Meldungen versuche ich den Grad meiner Gefährdung zu bestimmen. Ich bin dreiundsechzig Jahre alt und habe infolgedessen nicht die körperliche Verfassung eines Mittdreißigers, der sich gesund ernährt und Sport treibt. Leider! Andererseits haben meine Lungen mir noch nie Probleme bereitet, und ich rauche nicht. Ich habe also wahrscheinlich keine Corona-relevanten Vorerkrankungen. Aber weiß ich das wirklich so genau? Den Kontakt mit anderen Menschen kann ich, leider, sehr weitgehend vermeiden, doch womöglich macht mich das auch allzu sicher und unvorsichtig. Gestern zum Beispiel habe ich das Händewaschen vergessen, als ich von einer Besorgung zurückkam.

Mit anderen Worten, ich weiß nicht, *wie* Corona mich ansieht. Aber ich grüble darüber, denn ich spüre, *dass* die Krankheit mich ansieht. Offenbar ist sie nicht blind wie die Pest; und was ich höre, bestärkt nur meine (womöglich leicht panische) Vorstellung, sie betreibe eine ganz spezielle Auswahl. Drastisch ausgedrückt: Ich fürchte mich davor, demnächst vor der Seuche zu stehen, die dann entscheiden wird, ob ich schwer erkranken oder gar sterben muss, oder ob ich eine Lizenz zum Weiterleben bekomme.

Ich versuche, diese Szenerie zu verdrängen. Ich will in meinen Vorstellungen die einschlägigen historischen Bilder von Selektionen vermeiden. Und ich frage mich: Bin ich der einzige, der das versucht? Oder tun es womöglich viele? Besser wäre das, denn es ist doch fatal, der Krankheit Augen zu geben. Hinter Augen sitzt nämlich in der Regel ein Bewusstsein, dem man leicht eine Absicht unterstellen kann. Oder gar ein System, einen Plan.

Und wenn es so ist? Was für einen Plan könnte Corona haben?

Man muss nicht besonders pessimistisch oder gar depressiv sein, um darauf allerlei grausame Antworten zu finden. Als Erstes drängen sich mir gleich die schrecklichsten auf: Die Seuche geht durch die Alters- und Pflegeheime wie einst der Schwarze Tod durch die mittelalterlichen Städte und macht dabei den „demographischen Wandel" rückgängig, indem sie das Leben der Alten und der Hochbetagten beendet. Ebenso schrecklich: Sie „bestraft" diejenigen, die durch unvorsichtigen Lebenswandel oder warum auch immer an modernen Zivilisationskrankheiten leiden. Sie nimmt damit die Errungenschaften der lebensverlängernden Medizin zurück.

Und anderswo in der Welt? Werden jetzt Staaten mit schlechtem Gesundheitssystem und schwacher Infrastruktur abgestraft, dazu Staaten, in denen anarchische oder bürgerkriegsähnliche Zustände herrschen? Müssen dort zunächst die Armen für die Fehler der Reichen und der Machthaber büßen, bevor der Staat als Ganzes ins Chaos stürzt?

Im vergangenen Jahr habe ich einen Roman geschrieben, in dem einem Menschen an einem Tag alles genommen wird, so wie einst dem alttestamentarischen Hiob. In „Rückwind" glaubt die Hauptfigur zwar nicht an Gott oder himmlische Strafen; dennoch schaffte sie es nicht, ihr gewaltiges Unglück als einen „negativen Sechser im Lotto" zu verstehen, also als furchtbaren, wenngleich bedeutungslosen Zufall.

Ähnlich geht es jetzt mir, dem Schöpfer dieser Figur. Der „aufgeklärte" Mensch in mir bekämpft mit aller Kraft den Gedanken, Corona „sehe" etwas, „wolle" etwas bewirken oder gar „bestrafen". Aber spätestens dann, wenn ich versuche, mich selbst mit allerlei Gründen auf die sichere Seite zu denken, auf die Seite derer, die Corona verschonen wird, bestätige ich damit implizit den selektiven Charakter der Krankheit. Und schon droht wieder die Vorstellung von ihren Absichten. Ich gebe zu: Das treibt mich um.

Zum Schluss noch eine Frage an alle. Wenn man wählen könnte, wer über Leben und Tod bestimmt: einer, dem gegenüber man Argumente vorbringen kann, oder einer, der blind ist. Wen würde man wählen? Ich glaube, ich würde den Blinden wählen.

2. Die Maske
Physiognomik einer Verhüllung (26. April 2020)

Jetzt kommt sie also doch, die Maske. Ich habe noch die Sätze aus Politik und Wissenschaft im Ohr, nach denen sie wirkungslos oder gar kontraproduktiv sein sollte. Doch nun gehen die Anordnungen in eine andere Richtung, und ich höre viele Beschwerden über diese (und andere) Kehrtwenden. Ich habe dafür allerdings Verständnis. Ja, es mag so scheinen, als lebten wir momentan in einer Diktatur, in der die Herrscher für ihre Anordnungen unbedingten Gehorsam fordern, auch wenn ihre Ge- und Verbote einander in kurzen Abständen widersprechen. Allerdings würde ich dieser Diktatur zugutehalten, dass die Herrschenden gleichzeitig eingestehen, nicht allwissend oder unfehlbar zu sein und sich womöglich demnächst für ihre Fehler entschuldigen zu müssen. Ich kenne übrigens für diese Regierungspraxis kein historisches Vorbild. Oder gab es in der Geschichte schon einmal einen „Selbstkritischen Absolutismus"? Mir ist er jedenfalls nicht bekannt.

Nun also die Maske. Die Diskussion über den Sinn der Maßnahme überlasse ich, wenngleich widerstrebend, anderen. Ich habe zwar eine Meinung (oder die Meinung hat mich!), doch ich versuche mich in möglichst kurzen Abständen daran zu erinnern, dass ich weder Mediziner noch Epidemiologe bin und dass ich sehr froh darüber sein sollte, im Moment keine lebenswichtigen Entscheidungen für Millionen Menschen treffen zu müssen. Folglich ziehe ich die Maske auf, einerseits mit schlechtem Gewissen gegenüber meinem Ich-Bild (autonomes, selbstdenkendes Individuum), andererseits mit einer gewissen Erleichterung, in dieser Angelegenheit nicht selbst entscheiden zu müssen. Worüber ich aber frei räsonieren kann, ohne fremde oder eigene Kompetenzen zu verletzen, das sind die Umstände und die (nicht medizinischen) Folgen einer solchen Teilvermummung im öffentlichen Leben.

Was also passiert? Ganz einfach: Mund und Nase sind erstmal weg. Bei der Nase ist das vielleicht nicht so schlimm. Sie ist zwar imstande, den Charakter eines menschlichen Gesichtes entscheidend zu prägen; allerdings trägt sie wenig zu dessen situativem Ausdruck bei. Das kann sie einfach nicht, denn sie besteht zu einem Großteil aus Knochen und Knorpel, an denen nicht allzu viele Muskeln sitzen. Beachtung findet bereits derjenige, der mit der Spitze seiner Nase ein wenig wackeln kann. Doch schon das Schnäuzen, ein der Nase eigentlicher Vorgang, verlangt die Zuhilfenahme der Hände. Als einziges aktives Ausdrucksmittel kann die Nase sich bzw. kann man die Nase rümpfen, doch nach einer Reihe von Selbstversuchen empfinde ich das weniger als eine autonome Nasenbewegung und mehr als eine von der Oberlippe verursachte Nasenverschiebung. Womöglich aber variiert das von Mensch zu Mensch.

Ganz anders der Mund! Er ist das mit Abstand beweglichste Element im menschlichen Gesicht und schon von daher mindestens so ausdrucksstark wie die Augen. Darüber hinaus ist er der Quell und der Gestalter der Sprache. Seine Bewegungen beim Sprechen reichen dem Tauben, der von den Lippen liest und also versteht, was er gar nicht hört. Und schließlich ist es die Sprache, die den Menschen ausmacht und der er seine steile, wenngleich auch gefährliche Karriere verdankt.

Und dieser Mund ist jetzt weg. Das heißt, er sitzt wie ein Lausbub bei Wilhelm Busch hinter der Hecke bzw. der Maske und kann dort unbemerkt seinen Schabernack treiben. Ich habe entsprechende Selbstversuche bereits angestellt. Tatsächlich kann man als Maskenträger jemandem, der einem blöd gekommen ist oder den man sowieso noch nie leiden mochte, die Zunge herausstrecken oder vor ihm die Zähne fletschen, und er oder sie bemerkt es nicht. Man kann ironisch grinsen, den Mund vor Ekel verziehen oder ihn höhnisch und in Verachtung verzerren, nichts davon wird vom Gegenüber bemerkt.

Kommt es jetzt also zu einem flächendeckenden Ausbruch lange zurückgehaltener Aversionen, wenngleich nicht zu ihrem Ausdruck, weil die Maske dazu stimuliert und ihm gleichzeitig einen Riegel aus Stoff vorschiebt? Oder hat ein unsichtbares Zungezeigen eine psychologisch reinigende Wirkung?

Doch das ist noch längst nicht alles. Jeder weiß, dass mimische Botschaften beim Sprechen das Gesprochene beeinflussen. Besser gesagt: Sie interpretieren es, womöglich haben sie sogar die Deutungshoheit darüber. Ein lächelndes „Hau ab!" gibt Sohn oder Tochter die Erlaubnis zum Besuch einer Übernachtungsparty, ein „Hau ab!" mit viel Zähnen und verzerrten Lippen dient als Einladung zur Prügelei.

In Corona-Maskenzeiten aber reichen die mimischen Interpretationen des Mundes nicht weiter als bis zur Innenseite der Verhüllung. Es zählen jetzt nur noch Text und Ton. Daran wird man sich gewöhnen müssen, und ohne Missverständnisse verschiedenen Schweregrades wird es vermutlich nicht abgehen. Nun schätze ich das Problem allerdings nicht allzu groß ein, denn es ist vielen Menschen aus der digitalen Kommunikation bereits gut bekannt. Dort übernehmen Smileys und Emojis die ausgefallene Textdeutung, die ansonsten Gesicht und Stimme leisten. Schwierig dürfte es allerdings werden, die jetzt womöglich dringend erforderlichen Smileys und Emojis bedarfsgerecht auf die Außenseite der Masken zu platzieren. Angebote von Spezialmasken mit variabler Medienoberfläche sind mir jedenfalls noch nicht begegnet.

Mich selbst frage ich momentan, ob ich auf die Maskenzeit nicht besonders gut vorbereitet bin. Als Schriftsteller bin ich immerhin an eine reduzierte Form der Kommunikation gewöhnt; ich könnte auch sagen: Sie ist mein Beruf. Denn literarische Texte zu schreiben bedeutet, Stimme und Tonfall lediglich durch die gedruckte Sprache entstehen zu lassen. Literarische Texte fingieren nicht nur Geschichten, sondern auch den Mund, der sie im Kopf des Lesers erzählt.

Leider ahne ich als ambitionierter Pessimist auch gleich Probleme, die mich persönlich betreffen werden. Denn meine Fixierung aufs Gedruckte hat zu einer déformation professionelle geführt. Kurz erklärt: Ich hasse es, wenn man in unvollständigen Sätzen mit mir redet, die ich selbst zu Ende denken muss, wobei mir in der Regel Tonfall, Stimmlage und insbesondere die Mimik des verstummenden Sprechers gewisse Hilfestellungen geben. Nebenbei bemerkt: Ich finde, das Sprechen in unvollständigen Sätzen ist inzwischen ein Volkssport geworden, womöglich eine Folge der verbreiteten politischen Korrektheit, die eine Furcht vor Prädikaten oder adverbialen Bestimmungen der Art und Weise schürt. Ich würde das Fragmentsprechen gerne verbieten!

Wie dem auch sei – mit der Maske wird es schwierig für mich! Denn jetzt bleiben mir als Anleitung zu einigermaßen sinnvollen Satzvervollständigungen nur die Augen des Sprechers, und ich fürchte stark, dass Menschen, die keine Schauspielschule besucht haben, mit so etwas wie „schelmischem Lächeln" oder „strengem Blick" überfordert sind, wenn der Mund als Ausdrucksmittel wegfällt.

Natürlich höre ich jetzt den Satz, den ich seit meinem ersten Schrei kurz nach meiner Geburt höre. Er lautet: „Du übertreibst!" Doch wenn ich auch vermute, dass philosophische Dispute oder Ehekräche weiterhin ohne Maske (jedenfalls ohne Corona-Maske) ausgetragen werden, so fürchte ich doch um den Verlust so vieler schöner und vor allem wichtiger

Nuancen in der Alltagskommunikation. Wo aber die Nuancen fehlen, da wachsen die Missverständnisse. Wenn die Masken Nonchalance, Selbstkritik und Ironie unterdrücken, dann wird, so fürchte ich, nur noch Klartext in Saallautstärke geredet. Und der ist oft genug die Ouvertüre zur Prügelei.

3. Krise und Chance
Über eine ungeliebte Phrase (3. Mai 2020)

In den letzten Wochen höre ich häufig den Satz: „In jeder Krise liegt auch eine Chance." Dieser Satz ist sicher nicht grundsätzlich falsch. Und wenn er jetzt, zu Corona-Zeiten, verwendet wird, um Hoffnung zu machen oder Trost zu spenden, will ich nicht grundsätzlich widersprechen. Hoffnung und Trost brauchen wir im Moment in großen Mengen, mehr noch als Toilettenpapier und Gesichtsmasken.

Aber ich habe auch meine Bedenken. Der Satz ist seit geraumer Zeit eine Art Motto des modernen, ökonomisch geprägten Bewusstseins. Wirtschaft betreiben, dass bedeutet heute oft genug: Produkte oder Produktionsweisen nach Maßgabe ihrer Wirtschaftlichkeit verändern oder gar abschaffen. Es gibt das sogenannte „Change Management", eine Spezialdisziplin für Führungspersonen in der Wirtschaft, in der es darum geht, weitreichende Veränderungen zu organisieren, um erfolgreicher zu sein.

„In jeder Krise liegt auch eine Chance." Ja, das mag sein. Aber in jeder Krise liegt meines Erachtens vor allem eine Gefahr. Ich könnte viele Beispiele für meine Skepsis nennen, aber ich beschränke mich auf die letzten hundert Jahre.

Zu Beginn des zwanzigsten Jahrhunderts waren viele Menschen in Europa durchdrungen von einer unbestimmten Hoffnung darauf, dass drastische Veränderungen zu wünschenswerten Resultaten führen würden. Man glaubte an eine Art positiver Destruktion. Manche Intellektuelle in Deutschland begrüßten 1914 den Kriegsausbruch und prophezeiten ein „Stahlgewitter", in dem das erstarrte Staatswesen erfrischt und gereinigt werde. Es gab aber stattdessen zunächst einmal einen mit einer Unterbrechung dreißig Jahre dauernden Krieg, der Millionen Menschen den Tod brachte. Man wird zugeben müssen, dass das ein ziemlich hoher Preis für was auch immer war.

Und weiter: 1989 kollabierten der Reihe nach die sozialistischen Staaten Osteuropas. Wie sieht heute die Bilanz aus? Was hat sich verbessert? Demokratie allerorten? Ein europafreundliches Russland vielleicht? Oder nehmen wir den arabischen Frühling von 2011, die Finanzkrise von 2008 – haben all diese Destruktionen tatsächlich Platz geschaffen für eine schöne neue Welt? Ich bin sicher nicht der Einzige, der hier skeptisch ist.

Und jetzt die Corona-Pandemie. Täglich höre ich, dass sie unser Land nachhaltig verändern wird. Vieles, so heißt es, ist womöglich nicht wiederherzustellen. Was könnte das sein? Vielleicht der Einzelhandel traditioneller Prägung? Vielleicht die freie Kulturszene? Vielleicht die Sportkultur unterhalb der Champions League?

Gut, es gibt den Lauf der Weltgeschichte, in dem noch das meiste verloren ging oder gar vergessen wurde. Daran wird sich nichts ändern. Und auch ein einzelnes Menschenleben besteht aus lauter Abschieden von diesem und jenem. Wer älter wird, der erlebt es. Aber sollen wir uns nach dem hoffentlich baldigen Ende der Corona-Krise tatsächlich den Nietzsche-Satz zur Maxime machen: „Was fällt, das soll man auch noch stoßen"?

Sollen wir zum Beispiel erlauben, dass der ökonomische Darwinismus nun mit sehr viel größerer Geschwindigkeit agiert? Sollen wir Wirtschaftsriesen wie Amazon das Trümmerfeld des Einzelhandels überlassen, weil es die Riesen sind, die am schnellsten wieder Ordnung auf dem Trümmerfeld der Zwerge schaffen können? Sollen wir erlauben, dass die Auseinandersetzung in der Kultur zwischen Mainstream und Nische mit einem Schlag für den Mainstream entschieden und alle Nischen geschlossen werden?

Für mich gilt jedenfalls, dass ich nichts stoßen will, auch wenn ich vermute, es werde in absehbarer Zeit sowieso fallen. Für mich gilt eher der Satz: „Eine Krise ist vor allem – eine Krise, die man überstehen möchte." Und nach der Krise freue ich mich keineswegs auf eine Tabula rasa, die entsteht, wenn die Großen die Kleinen gefressen haben. Ich hoffe vielmehr inständig darauf, dass nach Corona nicht irgendeine windige schöne neue Welt aus dem Boden gestampft, sondern zuerst einmal und vor allem das gerettet und bewahrt wird, was Menschen in Generationen aufgebaut und geschätzt haben.

Ja, die Dinge ändern sich. Morgen schon könnte man vielleicht ohne große Probleme auf etwas verzichten, das einem heute noch unverzichtbar scheint. Aber es sollten nicht größenwahnsinnige Monarchen, gewalttätige Extremisten oder abenteuerlustige Manager sein, die den Lauf der Menschheitsgeschichte bestimmen. Und erst recht sollten es keine Viren sein, die die menschliche Geschichte steuern! Wir sollten Corona nicht in den Rang einer göttlichen Strafe heben, nicht als Sintflut 2.0 betrachten – und erst recht sollten wir es nicht zum Agenten des ökonomischen Change Managements machen. Nach allen Kriegen gab es Kriegsgewinnler.

Schlimm genug! Pandemiegewinnler aber sollte es nach Möglichkeit nicht geben. Ich wünsche allen den Mut und die Kraft, das Gute und Bewährte gegen fragwürdige „Chancen" zu verteidigen.

4. Schicksalssatt
Das Leben meiner Großeltern (9. Mai 2020)

Meine beiden Großelternpaare wurden zwischen 1893 und 1897 geboren. Beide stammten sie aus kinderreichen Familien und aus den unteren Schichten der Gesellschaft. Über ihre Lebenswege bestimmten weniger sie selbst; vielmehr wurden sie vom Strom der Zeitläufte mitgenommen. Ihr Schicksal war die Politik, wie es Napoleon im Jahr 1808 vor dem Geheimrat Goethe verkündet hatte.

Sie lebten gewissermaßen parallele Leben. Im Kaiserreich geboren, mit einer dürftigen Schul- und Ausbildung versehen, wurden die beiden Männer 1914 in den Krieg geschickt. Als sie den überlebt hatten, brach der autoritäre Staat ihrer Jugend zusammen; aber ich fürchte, sie haben die neuen demokratischen Freiheiten nicht genießen können. Der Vater einer Großmutter verlor sein Geschäft, und die Familie verarmte. Ein Großvater zog vom Dorf in die Stadt, um Arbeit in einer Textilfabrik zu finden. Der andere wechselte, wahrscheinlich konjunkturbedingt, den Beruf und wurde Fahrer. Sie heirateten im selben Jahr, und im selben Jahr wurden mein Vater und meine Mutter geboren, auf dem Höhepunkt der Inflation von 1923. Aus der dürftigen Überlieferung meiner Familie kenne ich die Anekdote, dass mein Großvater im August dieses Jahres der Hebamme eine Million Mark zahlen musste, Trinkgeld inklusive. Sechs Jahre später begann die große Wirtschaftskrise, wiederum vier Jahre später versank die unglückliche Weimarer Demokratie.

Haben meine Großeltern den Nazi-Staat begrüßt, haben sie von ihm eine Verbesserung ihrer Verhältnisse erwartet? Ich weiß es nicht. Ich weiß nur, dass sie weiter am Existenzminimum lebten und ihre Kinder eine fast schon panische Sparsamkeit lehrten. 1939 waren die beiden Großväter zu alt, um am erneuten Krieg teilzunehmen, mussten aber jahrelang die vielfältigen Einschränkungen hinnehmen und zudem um das Leben ihrer Kinder und Schwiegerkinder an der Front bangen. Ab 1941 saßen sie in den Kellern ihrer Häuser und hofften, dass die nicht über ihren Köpfen zusammenstürzten.

Haben sie das Kriegsende 1945 als Befreiung gefeiert? Ich kann es mir kaum vorstellen. Sie waren damals zwischen achtundvierzig und zweiundfünfzig Jahre alt, „kein Alter", wie man heute so locker dahin sagt, aber meine Großeltern waren durch ihr Leben bereits abgenutzt, wenn nicht gar verbraucht. Außerdem folgten auf die Befreiung mehrere Jahre eines chaotischen Alltags, in dem es noch viel ärmlicher zuging, als sie es zuvor gewohnt waren.

Und dann endlich ein Lichtstrahl! Nach der Gründung der Bundesrepublik und der Währungsreform durften meine Großeltern noch zehn Jahre lang ihren bescheidenen Beitrag zum Aufstieg des inzwischen vierten Staates in ihrem Leben leisten. Der eine Großvater wurde nur siebzig Jahre alt, als er an einem wahrscheinlich unbehandelten Herzleiden plötzlich verstarb, die anderen drei wurden um die achtzig, waren aber in den letzten Jahren schwer krank und hinfällig. Ich frage mich, mit welchem Gefühl mögen sie alt geworden sein? Mit dem Gefühl, die Zeit habe sie schlimmer gebeutelt als andere zuvor? Man könnte es ihnen nicht verdenken. Oder starben sie mit dem Gefühl, immerhin glücklich Überlebende zu sein? Ich weiß es nicht.

Und damit zu mir, das heißt, zu meiner bundesrepublikanischen Babyboomer-Generation. Seit unserer Geburt schien sich die große Weltgeschichte in sicherer Entfernung von uns abzuspielen. Gelegentlich winkte oder drohte sie herüber. So konnte ich während des Jugoslawienkrieges bei einer Literaturveranstaltung in Klagenfurt die Artillerie jenseits der Berge hören. Aber dass die Politik unser Schicksal sei, das wollten wir so nicht mehr stehenlassen – oder einfach nicht wahrhaben. Eher schon schauten wir furchtsam auf die Ökonomie als die Macht, die uns regiert. Die Rezession Ende der sechziger Jahre, die erste Ölkrise 1973, die finanzielle Belastung durch die Wiedervereinigung 1989, der Börsenschock nach Nine Eleven, der Bankenkrach von 2008 – das waren für uns westdeutsche Babyboomer die prägendsten Stationen unserer Lebensgeschichte.

Und jetzt Corona. Die Pandemie ist (noch) kein Krieg, aber sie löst eine enorme Wirtschaftskrise aus – und sie ist ein Ereignis, das wie Krieg oder Hungersnot große Teile der Bevölkerung über Ländergrenzen hinweg betrifft. Corona ist in meinem Leben, und sicher nicht nur in meinem, das erste Ereignis, das denen ähnelt, von denen das Leben meiner Großeltern immer wieder bestimmt wurde.

Wie fühlt sich das an? Natürlich unmittelbar schrecklich; ich muss die vielen Gründe dafür nicht aufzählen. Doch es kommt noch eine spezielle Wahrnehmung hinzu: dass nämlich, vielleicht nur für eine Weile, der Grad des Ähnlichen unter meinen Mitmenschen steigt, während der Grad der Differenz abnimmt. Eine Bewusstseinslage, die bestimmt wurde vom

Wettbewerb aller gegen alle, ändert sich – vielleicht nicht stark und dauerhaft, jetzt aber spürbar – zu einer Bewusstseinslage, die bestimmt wird von der Angst aller vor der einen Bedrohung.

Meinen Großeltern war das gut bekannt. Der allgemeine Kampf gegen die Armut, der massenhaft erzwungene Kampf gegen verordnete Feinde, der verbreitete Kampf ums Überleben, diese Massenphänomene haben ihr ganzes Leben geprägt. Wenn sie scheiterten, lag das oft genug an allgemeinen Umständen, für ihre seltenen Erfolge galt Ähnliches. Damit verglichen ist mir mein Leben – nicht immer, aber oft genug – als das Leben eines Einzelkämpfers erschienen, der mit allem um sich herum in Konkurrenz steht. Schön war das, wenn mir etwas gelang, dann gehörte der Lorbeer mir alleine. Unschön war es häufiger; denn wenn ich scheiterte, trug ich alleine daran die Schuld.

Ich bitte inständig, mich nicht misszuverstehen. Ich will an Corona nun wirklich keine „guten Seiten" finden! Ich bin, wie schon gesagt, äußerst skeptisch gegenüber dem Reden von der Chance, die in der Krise stecken soll. Gerne hätte ich mein Leben ohne die Erfahrung einer universellen Katastrophe zu Ende gelebt. Jetzt aber habe ich diese Erfahrung. Ich weiß noch nicht, was sie bewirken wird. Aber ich werde es, hoffentlich, erleben.

5. Geisterspiele
Fußball ohne Zuschauer (18. Mai 2020)

Der Begriff „Geisterspiele" für Fußballbegegnungen, zu denen keine Zuschauer zugelassen sind, hat sich offenbar als „alternativlos" durchgesetzt. Tatsächlich war Geisterspiel bereits vor Corona eine Art Fachbegriff. Der gleichnamige Wikipedia-Artikel zitiert Belege für zuschauerlose Spiele zu Beginn unseres Jahrhunderts, die auch damals schon so genannt wurden.

Aber ich will hier keine Spracharchäologie betreiben, sondern ein wenig Sprachphysiognomik, das heißt, ich möchte einem Wort, das momentan eine (wenngleich traurige) Karriere macht, ein wenig hinter den Vorhang gucken. Die Frage lautet: Was sagt man eigentlich, wenn man Geisterspiel sagt?

Auf den ersten Blick (besser natürlich: bei unaufmerksamem Hören) bietet das Wort keine Widerstände. Seine Grundstruktur hat Tradition: Verlassene Städte wurden immer schon als Geisterstädte bezeichnet, wahrscheinlich nach dem amerikanischen Muster ghost town. Wenn aber eine Stadt ohne Menschen eine Geisterstadt ist, dann ist folgerichtig ein Stadion ohne Zuschauer ein Geisterstadion, und die Spiele darin sind in Analogie Geisterspiele. Das ist ein bisschen schräg, weil ja nicht Geister spielen, sondern allenfalls vor Geistern, also vor Unsichtbaren gespielt wird. Doch in der alltäglichen Kommunikation, die vor allem schnell und markant sein will, gehen solche Schrägheiten ungeprüft und ungestraft durch. Zudem lassen Worte, in denen wenn nicht Geist, so doch wenigstens Geister stecken, aufhorchen, und sie verbreiten sich, jetzt hätte ich fast gesagt, wie Viren.

Aber was passiert, wenn man ein Wort, wie der große Satiriker Karl Kraus es riet, näher ansieht? Womöglich schaut es dann umso ferner zurück. Ich unternehme den Versuch.

Die Geisterstädte heißen so, weil die Abwesenheit ihrer Bewohner den späteren Besucher verunsichert und schockiert. Pompeji und Herculaneum sind Geisterstädte, weil an den Wänden noch die Rauchschatten des einstigen Lebens von dessen jähem Ende erzählen. Die aufgegebenen Goldgräberstädte in den USA sind Geisterstädte, weil die halb leeren Kaffeetassen auf den Frühstückstischen zeigen, dass das Wegbrechen der ökonomischen Basis, zum Beispiel durch das Versiegen einer Goldader, eine ganze Population schlagartig auflösen kann. Die deutschen Großstädte waren 1945 auch Geisterstädte, insofern sie „bevölkert" waren von toten ebenso wie von untoten Zeugen einer selbstverschuldeten Gewaltorgie.

Was genau aber waren am letzten Samstag die Fußballstadien in Deutschland? Zunächst einmal waren sie leer, weil ihre regelmäßigen Besucher durch die Corona-Bestimmungen vertrieben waren. Von daher trifft der Ausdruck. Aber was genau fehlte? Was genau war nur noch in seiner schaurigen Abwesenheit, nämlich als Geist, wahrzunehmen?

Meine Antwort darauf lautet: Es war die Verkörperung all dessen, was der Profifußball als Massenunterhaltung im Wesentlichen produziert und zu mittlerweile horrenden Summen verkauft. Es fehlten nämlich Emotion, Bedeutung, Geschichte und Mythos. Das Kicken in den oberen Ligen ist – sorry – keine wirklich einzigartige Leistung; das können viele, und über Qualität lässt sich trefflich streiten. Doch gute Geschichten zu erzählen, große Gefühle zu erwecken oder gar Mythen zu schaffen – das ist eine wertvolle, ja, teure Kunst, die ihre permanente Geburtsstädte und ihre Heimat in den großen Stadien hat.

Das mögen starke Worte sein, aber ich stehe dazu. Fußballspiele ohne großes Publikum sind meines Erachtens auf eine beschämend banale Art und Weise nur dies: Fußballspiele, also tendenziell auswechselbares Gerenne und Gekicke. Denn das vor Ort real existierende Publikum ist nicht bloß Kulisse; es leistet vielmehr die mit großer Sorgfalt und riesigem Engagement inszenierte, ja choreografierte Bedeutungstiftung dessen, was auf dem Rasen passiert. Das beste Beispiel dafür wurde gleich am ersten Geisterspieltag präsentiert. Das sogenannte „Revierderby", also das wiederkehrende Fußballspiel zwischen Schalke 04 und Borussia Dortmund, erschien jetzt unter Corona erstmals als ein Fußballspiel wie viele andere. Es erwies sich als ausdrucksschwach bis zur Unkenntlichkeit. Die zuständigen Medien mochten noch so sehr versuchen, Emotionalisierung und Sinnstiftung zu leisten – es scheiterte kläglich. Nur die Fans im Stadion geben dem Spiel seine Stimme, ohne sie waren die Stimmen der Reporter nur tönendes Erz und klingende Schelle.

Der Fußball ist, wie wir alle wissen, in den letzten Jahrzehnten zu einem enorm erfolgreichen Geschäft geworden. Manager wie der kürzlich abgetretene Uli Hoeneß haben intensiv an der Qualitätssteigerung des Produktes Fußball gearbeitet, noch viel mehr allerdings an seinem window dressing und seinem Marketing, man könnte auch altfränkisch sagen, an der Eigenwerbung zum Zwecke der Profitsteigerung. Dabei entstand allmählich der Eindruck, dass die Zuschauer in den Stadien als Einnahmequelle der Vereine nicht mehr wirklich relevant seien. Womöglich ließen die Vereinsbosse sie nur aus folkloristischen Gründen noch für ein Taschengeld ins Stadion, während die internationale Medienvermarktung dreistellige Millionenbeträge einbrachte.

Aber das war ein Irrtum der Bosse, der jetzt womöglich durch Corona aufgedeckt wird. Die permanente Bedeutungsstiftung, die optisch und akustisch von 50.000 Zuschauern im Stadion geleistet wird, ist nämlich absolut unverzichtbar für das Produkt Fußball! Emotion, Geschichte und Mythos sind ohne die Menschen auf den Rängen eine bloße Behauptung, und eine schwache überdies. Geradezu bedauernswert erschienen mir am letzten Wochenende die Kommentatorinnen und Kommentatoren, die jetzt auf eigene Faust und ohne die Deckung der 50.000 dem Spiel die Bedeutung unterlegen oder besser: unterschieben mussten. Und absolut jämmerlich erschienen mir diejenigen unter ihnen, die tatsächlich versuchten, die Abwesenheit der 50.000 durch ihre eigenen Emotionen zu ersetzen. Das klang so peinlich wie alles misslingende Schönreden offensichtlicher Katastrophen.

Geisterspiele ist also ein treffendes Wort. Denn Geisterspiele sind Fußballspiele nicht allein vor keinen Zuschauern, sondern tatsächlich vor den Geistern derer, die abwesend sind. Und diese Geister mögen unsichtbar und unhörbar sein, dennoch tun sie lautstark, was Geister so gerne tun: Sie gemahnen an die Untaten derer, die sie zu Geistern gemacht haben. In diesem Fall gemahnen sie an die Untaten derer, die geglaubt haben, sie könnten den Fußball zugunsten seiner gewinnbringenden Verbreitung quasi vollständig digitalisieren. Die Geister der abwesenden Zuschauer prangern, nicht durch Kettenrasseln oder Trommelschlagen, sondern durch eine wahrhaft gespenstische Stille, eine Untat an, der wir alle zugesehen und zu der wir via Bezahlfernsehen unser Scherflein beigetragen haben. Aus dem Fußball wurde eine Art gut verkäuflicher scripted reality gemacht, in der die real existierenden Zuschauer als Statisten verschlissen wurden, die sich selbst inszenierten und choreografierten und überdies so grenzenlos naiv waren, für ihre Leistung auch noch zu zahlen.

Alles eine große Lüge! Die gruseligen Geisterspiele aber decken jetzt die Wahrheit auf. Der Fußball selbst ist ein einfach strukturiertes und in seiner Schlichtheit gelegentlich durchaus gut anzuschauendes, doch über weite

28

Strecken auch banales Spiel. Ohne die Emotionalisierung und die Interpretation durch die Zuschauer läuft er Gefahr, nicht sehr viel attraktiver zu sein als Stabhochsprung oder Hürdenlauf. Fußball ist nicht etwas Grandioses an und für sich, sondern etwas für Menschen, die ihn sehen und beurteilen. Es kommt, wie immer, auf individuelle und vor allem auf kollektive Interpretationen an. Was bedeutet: Die Vorlieben sind frei. In den USA und anderswo hat man sich zum Beispiel (zur permanenten europäischen Verwunderung) kollektiv für andere Ballsportarten als bevorzugte Objekte der Massenbegeisterung entschieden.

Die Fußballmanager in Europa aber haben das offenbar vergessen. Sie haben geglaubt, das Vereinsmarketing werde in Zusammenarbeit mit den Sendern, die ihre teuer eingekauften Produkte verständlicherweise in den Himmel jubeln müssen, den Fußball zu einem Produkt machen, dessen Wertbestimmung der Produzent selbst in der Hand hat. Er muss nur irgendeinem überdurchschnittlich talentierten Nachwuchsstürmer ein paar Millionen an Honorar zahlen, schon brodelt es in der Presse, und er holt die Ausgabe beim Verkauf der Übertragungsrechte doppelt und dreifach wieder herein. Alles ganz einfach? Irrtum! Man hat die Rechnung ohne die gemacht, die das Produkt erst zu einem Mythos machen, der dann wieder als Produkt verkauft werden kann.

Als gebürtiger Mönchengladbacher weiß ich über all das sehr gut Bescheid. 1970 war ich unter denen, die den Borussenspielern bei ihrer Fahrt durch die Innenstadt anlässlich der ersten Meisterschaft Spalier standen. Mag sein, es ging um Fußball. Aber im Wesentlichen ging es um Heldentum, es ging darum, dass die „Fohlen" einer bis dahin weitestgehend unbedeutenden Stadt am langweiligen Westrand der Republik zu nationaler und internationaler Geltung verhalfen. Unsere Hindenburgstraße wurde zum Spandauer Balkon, wir alle zu Kennedys, die voller Stolz sagten: „Ich bin ein Gladbacher."

Und das prägt! Seit dem Aufstiegsjahr 1965 hänge ich am Fußball wie an einer Nadel. Alle meine Entzugsversuche sind gescheitert. Aber die Geisterspiele am letzten Samstag haben mich geradezu abgestoßen. Die verschämten Schwenks über die leeren Ränge in den Stadien erinnerten mich an Einstellungen aus postapokalyptischen Hollywood-Filmen; die hallenden Stimmen von Spielern und Trainern klangen wie die verzweifelten Klagerufe von Geistern in einem verlassenen Haus. Sehr schlimm: vielversprechende Angriffsszenen ganz ohne die hörbar aufwallende Begeisterung. Und am allerschlimmsten: Tore in eisigem Schweigen.

Doch immerhin: Ich weiß jetzt endgültig, was Fußball ist. Der Beweis ist erbracht. Fußball, das bin ich. Und wenn ich und meinesgleichen nicht mehr ins Stadion dürfen, wird der Fußball unsichtbar werden. Wie ein Geist.

Pandemiegewinner 1
Thorsten, 44, Inhaber eines Geschäfts für Campingbedarf

Also, ich bin's, der Thorsten. Ich bin vierundvierzig und alleiniger Inhaber von Harry's Outdoor.

Nicht, dass Sie denken, Harry wäre mein Spitzname. Harry war der Hund, den wir hatten, als ich ein Junge war, so ein Neufundländermix, eine Seele von einem Tier. Bloß war er viel zu groß und viel zu schmutzig, als dass er immer drinnen sein konnte. Hab ich als Junge natürlich nicht verstanden. Gab ein Riesen-Trara von wegen: Das ist doch herzlos, den Harry draußen in eine Hütte zu sperren. Ich hab dann tatsächlich durchgesetzt, dass er wieder rein durfte, auch wenn er alles dreckig machte. Aber was glauben Sie? Dem gefiel es draußen besser als drinnen. Mein Vater hatte ihm nämlich so eine Luxushütte gebaut. Riesig groß und mit Fußbodenheizung. Ist nicht gelogen. Im Winter war's da drin nie unter achtzehn Grad.

Na, und jetzt können Sie sich wahrscheinlich vorstellen, was passiert ist. Richtig, ich hab dauernd bei Harry in der Hütte gehangen. Auch nachts, klar, und natürlich im Winter. Und als ich dann später überlegt habe, wie mein Laden heißen soll, da war das sofort klar: Harry's Outdoor. Harry ist nämlich der Grund dafür, dass ich mit dem Zelten angefangen habe. Oder vielleicht sollte ich eher sagen: Beim Übernachten in seiner Hütte hab ich gemerkt, wie gern ich draußen bin und draußen was mache.

Ja, was soll ich noch zu meinem Laden sagen? Wir führen praktisch das ganze Sortiment, alles, was du brauchst, wenn du raus willst. Schuhe, Klamotten, Ausrüstung. Und Zelte natürlich. Vom Einmannzelt, das du dir zusammengerollt in die Hosentasche stecken kannst, bis zu solchen aufblasbaren Bungalows, in denen du dich nachts verläufst.

Aber die wichtigste Position in unserem Angebot lautet: Beratung. Beratung, Beratung und nochmal Beratung.

Denn Sie haben ja vielleicht schon mal davon gehört: Es gibt das Internet. Und wegen dem Internet kommen die Leute nicht mehr in den Laden, um zu sehen, was man denn so Schönes kaufen kann. Nein, sie kommen, nachdem sie sich alles Mögliche im Netz angeguckt haben. Am liebsten hätten sie auch gleich im Netz bestellt, aber es gibt einfach zu viel von allem, und da wollen sie dann doch mal jemanden fragen, einen richtigen Menschen, keine Amazon-Rezension oder solchen Fake. Also kommen die Leute in den Laden, zeigen mir was aus dem Netz und fragen mich, was ich davon halte. Und wenn ich dann bloß sage: „Ist okay. Kann man kaufen", dann sind sie so dreist und verschwinden wieder und bestellen es sich im Netz. Weil es da nämlich billiger ist. Dumm für mich.

Und deshalb geht es heute im Geschäft eigentlich nur noch um proaktive Beratung. Ich erkläre den Leuten also erst mal so richtig, was sie da im Netz gesehen haben und was es tatsächlich so gibt und was sie wirklich brauchen. Es geht heute nicht mehr darum, dass man alles Mögliche auf Lager hat. Da kann man dem Netz keine Konkurrenz machen. Es geht nur noch darum, dass man vernünftig mit den Kunden redet, bis sie sich sagen: „Okay, bei Harry's Outdoor wissen die Leute Bescheid. Und bevor ich mir irgendein Schnäppchen aus dem Netz anlache, gehe ich lieber dahin und lasse mich anständig beraten."

Ja, kann sein, dass man so nicht das ganz große Geschäft macht. Von wegen Stapelware. Aber das sagt Ihnen jeder: Es ist besser, einen wirklich guten Kundenstamm zu behalten, als irgendwelche halbgaren Aktionen für die Massen zu machen. Wir sind jetzt seit neunzehn Jahren in unserer Stadt das führende Fachgeschäft für anspruchsvolle Outdoor-Aktivitäten. Klar haben wir längst einen Onlineshop, aber das ist es nicht, womit wir dem Netz Konkurrenz machen. Unsere Kernkompetenz ist, dass wir verstehen, was die Leute wollen, und ihnen klipp und klar sagen, was sie dafür unbedingt brauchen und was sie dafür überhaupt nicht brauchen.

Ich sag Ihnen ein Beispiel: Zu uns kommen Leute, die seit Jahren Australien machen und jetzt mal nach Nordschweden wollen. Oder Lappland. Mit denen gehen wir ihre Ausrüstung durch, Stück für Stück, und sagen Ihnen genau, was geht und was nicht geht. Das sind Leute, die merken sofort, wenn wir ihnen irgendeinen Krempel andrehen wollen, der gerade angesagt ist. Wenn wir das machen würden, gehen die uns von der Fahne. Andererseits: Wenn wir ihnen Sachen empfehlen, die wirklich gut sind und die sie echt brauchen werden, dann kaufen sie die, und dann gucken sie wirklich nicht auf den Preis. Echt nicht. Und dann schicken sie uns von unterwegs eine WhatsApp mit einem Foto von dem Teil, das sie gerade benutzen, und dahinter drei Daumen hoch. Das Foto stellen wir dann auf unsere Webseite.

Na, ich denke, Sie haben jetzt einigermaßen begriffen, was Harry's Outdoor ist. Haben Sie, nicht wahr?

Und dann Corona. Peng! Lockdown. Reisewarnungen, Flugverbote, Quarantäne, das ganze Paket. Uns war natürlich klar, dass die Feriensaison 2020 ein kleines bisschen anders aussehen würde als die Feriensaison 2019. Und uns war auch klar, dass wir davon irgendwas abkriegen würden. Wenn keine Flieger nach Australien gehen, dann ist der Outback für dieses Jahr gestrichen.

Aber andererseits sind unsere Kunden ja gerade die Leute, für die der Massentourismus das röteste von allen roten Tüchern ist. Wir sind nicht der Laden für TUI-Kunden, das nun wirklich nicht. Im Gegenteil, wir sind der Laden für Leute, für die TUI das absolut Böse ist. Also, haben wir uns gesagt, erstmal Ruhe bewahren. Schauen wir einfach, was auf uns zukommt, und reagieren wir irgendwie darauf. Wird womöglich ein schlechtes Geschäftsjahr, vielleicht sogar ein ganz beschissenes. Aber was sollen wir uns beschweren? Und vor allem: bei wem? Diese Pandemie ist ja über die ganze Menschheit gekommen wie die Sintflut.

Ja, und dann ging das los. Aber ganz anders, als wir gedacht hatten. Die Leute haben uns buchstäblich den Laden eingerannt. Ich lüge nicht: Das hat ein paar Tage gedauert, bis wir begriffen haben, was da abging. Damit hätten wir ja nicht im Traum gerechnet! Dass nämlich so wahnsinnig viele Leute von einem Tag auf den anderen beschließen, dass sie ab sofort Camper sind. Dass sie sich zu Tausenden sagen: „Okay, Malle und Antalya sind gestrichen, Pool mit Cocktailbar ist gestrichen, Zimmer mit Klimaanlage ist gestrichen, Städtetouren mit Kirche und Museum sind gestrichen – ja, scheiß der Hund drauf, dann gehen wir eben zelten im Hunsrück.“

Damit hatten wir wirklich nicht gerechnet. Ich meine, es gibt doch noch, wie soll ich sagen, feste Eckwerte im Leben. Unterscheidungen, die immer gelten. In unserem Falle: Erstens die Leute, die im Urlaub die Füße hochlegen und keinen Finger krumm machen und es sich vorne und hinten reinstecken lassen. Entschuldigung, Sie wissen schon, was ich meine. (zeigt) zweitens die Leute, die mit dem Reiseführer in der Hand in komplett überlaufenen italienischen Städten von der Ruine zum Museum und vom Museum zur Basilika pilgern. Und drittens unsere Leute, die sich zu ihrem Vergnügen durch irgendeine Ecke der Welt schlagen, in der sich Fuchs und Elch gute Nacht sagen, um dann abends eine Stunde lang hart zu schuften, bis sie einen heißen Tee, eine Büchse lauwarme Ravioli und ein dünnes Dach über den Kopf kriegen.

Und nun Hand aufs Herz: Wer hat nicht gedacht, dass das drei vollkommen verschiedene Menschenarten sind? Die nichts miteinander gemein haben. Man musste doch eigentlich davon ausgehen, dass ein Ballermannfreund und ein Trekkingfreak nicht einmal Kinder miteinander zeugen können, weil sie irgendwie aus verschiedenem Genmaterial bestehen. Ja, so haben wir uns das vorgestellt.

Und dann wurden wir wahrlich eines anderen belehrt. Die Leute standen vor uns und sagten so was Ähnliches wie: „Einmal alles für vier Personen." So wie man bei McDonald's bestellt. Die hatten nichts, die wussten von nichts, die wussten nur, dass sie das Zeug sofort brauchen, sofort, denn wenn sie bis heute Abend da und da anrufen, dann kriegen sie auf dem und dem Campingplatz noch einen Platz für ab übermorgen. Oder ab sofort. Also los! Her mit dem Zeug. Wieder all inklusive, nur diesmal anders als in Antalya. Diesmal zum Selbermachen.

Sie kennen das wahrscheinlich. Bei Ikea gibt es diese Sets für junge Leute, die zu Hause ausziehen. Alles für die Küche, Set Eins und Set Zwei. Ist alles drin, was man zum Überleben braucht, wenn man Outdoor geht, also wenn man das Elternhaus verlässt. Ich hab noch nie in so was reingeguckt, aber wahrscheinlich ist da auch eine Gebrauchsanweisung dabei, so in dem Stil: „Dies ist ein Topf. Befülle ihn mit Wasser. Stelle ihn auf den Herd. Schalte den Herd ein. Gib Nudeln hinzu und verlasse nicht die Küche. Wenn die Nudeln aus dem Topf springen, sind sie fertig." Und genau so etwas wollten die Leute von uns. Das große Campingpaket für Nichtcamper. Mit einer zweiseitigen Gebrauchsanleitung: „Vom Couchpotatoe zum Trekkingfreak in zwanzig Minuten."

Anfangs haben wir tatsächlich versucht, den Leuten das auszureden. Na ja, nicht unbedingt ausreden, aber wir wollten sie auf die Schwierigkeiten aufmerksam machen. Dass das beim ersten Mal wahrscheinlich nicht alles genau so funktioniert, wie man sich das vorgestellt hat. Aber wollten die das hören? Nein, wollten sie nicht! Die wollten auf Biegen und Brechen über Ostern oder über Pfingsten irgendeine Art von Urlaub machen. Die wollten raus, die wollten raus aus ihrer scheiß Quarantäne, aus ihrem Leben auf sechzig Quadratmetern mit vier Personen ohne Kita und ohne Schule und ohne Job. Die wussten, dass es wohl nicht so wird wie letztes Jahr und vorletztes Jahr und das Jahr davor auf Malle und in Antalya. Aber wenigstens so ähnlich sollte es sein. Und notfalls eben im Hunsrück.

Wir haben uns dann gesagt: Das ist jetzt unsere Aufgabe. Diese Leute laufen gerade in Scharen zu uns über, und wir müssen dafür sorgen, dass es ihnen so gut wie möglich geht. Wir repräsentieren jetzt unsere Branche, und das meint nicht nur das Wirtschaftliche. Das heißt auch: Wir repräsentieren einen bestimmten Lebensstil. Wir sind jetzt dafür verantwortlich, dass die Leute, die ihre Jugend nicht in Harry's Hütte verbracht haben, einigermaßen erfolgreich raus in die Natur kommen und halbwegs lebend wieder zurück. Das ist jetzt nicht mehr bloß Business, das ist eine Berufung.

Also sind wir hingegangen und haben tatsächlich solche Anfängersets zusammengestellt. Zelt, Kocher, Kühlbox, muss ich nicht alles aufzählen, eben die Sachen, die man unbedingt braucht, damit das erste Zelten nicht die Vollkatastrophe wird. Zum Glück hatten wir den Onlineshop. Wir haben alles vom Großlager in den Laden bestellt, per Express. Die Leute konnten ihre Sachen am nächsten Tag abholen. Glauben Sie mir: Ich habe gesehen, dass bei uns Autos auf dem Parkplatz standen, drinnen die ganze Familie, der Kofferraum brechend voll, und dann haben die Leute ihre flammneue Campingausrüstung originalverpackt auf den Dachgepäckträger gewuchtet und sind von uns aus direkt los, Richtung Hunsrück.

Eigentlich ist so was der Wahnsinn. Aber wir haben alles dafür getan, dass wir dabei ein gutes Gefühl hatten. Wir haben für die Leute sogar eine Hotline eingerichtet, vierundzwanzig Stunden am Tag besetzt, im Ernst: Tag und Nacht. Da können sie uns anrufen, wenn irgendwas nicht klappt. Tun sie auch. Und wenn wir helfen können, dann sind die Leute so was von dankbar. Das habe ich so bislang noch nicht erlebt.

Soll ich auch über Geld reden? Kann ich machen. Wir haben jetzt Ende Juni 2020. Aber bilanzmäßig sind wir im Juli. Juli 2021! Ungelogen. Seit Wochen arbeite ich mich durchs Netz, um Restbestände aufzutun. Wundern Sie sich nicht, wenn Sie im Hunsrück mal ein Zelt mit Flecktarnung sehen. Das kommt womöglich aus einem Sonderposten, den ich bei der Bundeswehr ergattert habe. Oder ein blaues Zelt mit UN-Logo. Bisschen gewöhnungsbedürftig vielleicht, aber irgendwie auch stylisch. Und passt ja bestens zur allgemeinen Lage. (lacht)

Klar hab ich auch ein bisschen ein Problem mit dem Geldsegen. Wenn ich abends Nachrichten gucke und gesagt wird, welche Branche jetzt auch noch auf dem Zahnfleisch geht, dann komm ich gar nicht schnell genug an die Fernbedienung, um den Kasten abzustellen. Vielleicht muss ich mich ja schämen, dass ich an Corona verdiene, während anderen das Dach überm Kopf zusammenbricht.

Aber sehen Sie es doch einmal so: Ich und mein Laden, wir stehen für eine Art Urlaub, bei der die Natur nicht plattgemacht und eine Unmenge CO_2 in die Luft geblasen wird. Das ist ja wohl keine Frage. Und wer zu Fuß unterwegs ist, der kriegt auch ein besseres Bild von dem, was mit der Natur passiert. Und was nicht mit ihr passieren sollte. Ich denke: Vor Corona hab ich einen Laden für Special Interests gehabt, für eine kleine Minderheit in ihrer Nische. Aber seit Corona haben wir hier eine echte Aufgabe. Wir arbeiten jetzt daran, dass die Leute umdenken. Und wenn nur einer von zehn, die unser Camping für Einsteiger-Paket gekauft haben, nächstes Jahr wieder Zelten fährt, obwohl es dann einen Impfstoff gibt und obwohl man wieder nach Malle und nach Antalya könnte, dann haben wir eine ganze Menge bewegt. Und zwar in die richtige Richtung.

Mal ganz ehrlich: Einen Laden zu haben, der gut läuft, das ist das eine. Aber bei einer großen Sache mitzumachen, bei einer Bewegung, die in die richtige Richtung geht, das ist was anderes. Und wenn Sie mich fragen: Das ist was viel, viel Besseres. Man darf das ja heutzutage nicht laut sagen, aber manchmal bin ich richtig glücklich.

6. Frucht der Langeweile
Germany's next Topmodel by Corona (24. Mai 2020)

Zu den Spielen und Spielchen, die von Corona verdorben werden, gehörte am letzten Donnerstag das Finale der populären Castingshow „Germany's next Topmodel" (GNTM). Die Moderatorin und Jurorin Heidi Klum konnte nur per Videozuschaltung aus den USA anwesend sein, überdies musste das Finale im menschenleeren Friedrichstadt-Palast stattfinden. Der Sender Pro 7, der das Format seit fünfzehn Jahren produziert und ausstrahlt, war damit offenbar überfordert. Es gab einen weitgehend sinnlosen Auftrieb ehemaliger Kandidatinnen, selbstgefällige Ersatzjuroren und als größten Ausweis der Unbeholfenheit tatsächlich Applaus und Lacher aus der Geräuschkonserve. Ich habe mich drei Stunden lang nach der Verkündung der Siegerin gesehnt, damit ich endlich ins Bett gehen konnte.

Aber wieso eigentlich: ich? Warum sitze ich vor dem Bildschirm, wenn GNTM läuft? Seit dem Ausbruch der Privatsender Mitte der achtziger Jahre habe ich deren in Eigenregie produzierte Formate strikt gemieden. Damit habe ich zwar billigend in Kauf genommen, den Anschluss an ein nicht unbedeutendes Stück aktueller Populärkultur zu verlieren, aber ich war nun einmal nicht imstande, mehr als drei Minuten „Deutschland sucht den Superstar", „Der Trödeltrupp" oder „Dschungelcamp" anzuschauen, ohne mich für alle Beteiligten in Grund und Boden zu schämen, für die Produzenten dieser Formate ebenso wie für die Menschen, die sich gegen Geld oder das Versprechen von Popularität dafür zur Verfügung stellen. Ich konnte das nicht ansehen, ohne den starken Drang zu verspüren, dergleichen abschaffen zu wollen. Da das aber auf legalem Wege wohl unmöglich ist, mied ich tunlichst solche Formate, die mich depressiv machen oder zu Gewaltfantasien stimulieren.

Es ist nun ausschließlich Corona zu „verdanken", dass ich in diesem Jahr entgegen meiner bisherigen Distanzhaltung mehr als die Hälfte der fünfzehnten Staffel von GNTM gesehen habe. Es war noch im März, als mir der (zugegeben, keineswegs originelle) Gedanke kam, ich könnte in der unfreiwillig freien Zeit, die mich erwartete, etwas im Fernsehen anschauen, das ich sonst niemals angeschaut hätte. Ein Zufall sorgte dann dafür, dass es GNTM wurde; aber ich gebe auch zu, dass der optische

Content dieser Castingshow, also zwei Dutzend gut aussehende junge Frauen, eine kontinuierliche Betrachtung erleichterte.

Und jetzt weiß ich also Bescheid. Ich kenne, zumindest an einem Beispiel, was ich seit Jahrzehnten gemieden habe. Ich habe meine Medienvorurteile der Medienwirklichkeit ausgesetzt. Ich bin durch dieses Format getaumelt wie einer, den man vor fünfunddreißig Jahren eingefroren und gerade erst wieder aufgetaut hat. Ich habe zum ersten Mal gesehen, was für die jungen Töchter unserer Nachbarn eine Selbstverständlichkeit ist, deren Ursprung in die Zeit vor ihrer Geburt zurückreicht. Ich bin Menschen und Umständen begegnet, die mich zutiefst befremdet haben, während sie für viele andere nicht nur ein Stück ihres selbstverständlichen Alltags, sondern auch ein Stück der Welt sind, in der sie sich wohlfühlen.

Ich möchte mich, was meine Eindrücke und Erkenntnisse angesichts von GNTM angeht, so kurz fassen wie möglich. Deshalb wähle ich das Format des erweiterten Thesenpapiers, wenngleich mir das seit meiner Studienzeit eigentlich eher suspekt ist. Aber es hat auch seine Vorteile.

Erste These: GNTM zeigt die klassischen Merkmale der Diktatur. In diktatorischen Systemen sind Legislative, Jurisdiktion und Exekutive nicht getrennt. Das ist die Struktur der Willkür. Die Urteilenden rechtfertigen ihr Tun mit Gesetzen, die vorher nicht beschlossen und verkündet wurden, sondern eigens für den akuten Fall geschaffen werden. So auch hier. Frau Klum bewertet die Leistungen der jungen Frauen nach Kriterien, die sie ad hoc formuliert. Das ganze Format gibt sich zwar als gewissermaßen sportlicher Wettbewerb, ist aber insofern das genaue Gegenteil, als Sport eine permanente Bekräftigung von vorgängigen Regeln ist, die allen bekannt sind. In GNTM hingegen sind die Regeln identisch mit den tendenziell unvorhersehbaren Urteilen von Frau Klum.

Zweite These: GNTM betreibt Urteilsfindung als Schauprozess. In diktatorischen Systemen werden Gegner oder Abweichler nicht nur beseitigt, sondern nach Möglichkeit dazu gebracht, ihr Vergehen öffentlich als Fehler oder gar als vorsätzliche Missetat einzugestehen. Die Inquisition gewährte dem, der sich auf dem Scheiterhaufen zum rechten Glauben bekehrte, einen weniger schmerzhaften Tod, denn als reuiger Sünder taugte er mehr zum Erhalt des Systems. In den Szenen, in denen Frau Klum ihre Urteile verkündet (und die zur Qual der Kandidatinnen dramatisch in die Länge gezogen werden), gibt es nicht nur keinen Platz für Widerspruch, es geht überdies darum, die Be- bzw. Verurteilten eine möglichst weitgehende Selbstkritik üben zu lassen und damit ihre bedingungslose Unterwerfung unter Regeln, die sie nicht verstehen, weil sie sie nicht verstehen können. Das ist die Art von Demütigung, die man auf Schulhöfen und an sehr viel schlimmeren Orten erfährt.

Dritte These: GNTM ist durch und durch manipulativ. Als Manipulation bezeichnet man für gewöhnlich die Einflussnahme auf das Verhalten von Menschen. Auch Pro 7 nimmt massiven Einfluss auf die jungen Kandidatinnen, nicht zuletzt, indem es sie kaserniert und zu bestimmten Verhaltensformen und Äußerungen stimuliert. Wichtiger aber ist, dass ihr Verhalten und ihre Äußerungen in großem Umfang durch Ton- und Bildaufnahmen abgeschöpft werden, sodass ein Pool von Material entsteht, aus dem am digitalen Schneidepult nach Belieben mehr oder minder plausible Kontexte konstruiert werden. Die einzelnen Folgen der Staffel entstehen auf diese Art und Weise durch eine Collage, deren Ziel es ist, neben dem „Wettbewerb" möglichst attraktive (also skandalöse) „Geschichten" zu erzählen, bevorzugt triviale Standardgeschichten wie die von Aufstieg und Fall, Selbstsucht und Solidarität oder Mut und Verzweiflung. Die Manipulation der Kandidatinnen geschieht also im Wesentlichen durch ihre Verwandlung in die Figuren einer Seifenoper, was den Betroffenen selbst über einen langen Zeitraum verborgen bleibt, da sie die fertigen Folgen erst viel später sehen.

Vierte These: GNTM gefährdet wissentlich seine Kandidatinnen. Beim Finale am letzten Donnerstag stieg eine Kandidatin, die in den Wochen zuvor sehr nachdrücklich in der klassischen Rolle der Streberin präsentiert worden war, freiwillig aus, offenbar zur Überraschung aller Beteiligten. Sie wolle, so sagte sie in ihrem Abschlussmonolog wörtlich, kein „Futter für den Hass" mehr sein. Ich hatte mich in den Wochen zuvor immer wieder gefragt, ob mir die junge Frau eher sympathisch oder eher unsympathisch ist, hatte aber nie eine Antwort darauf gefunden, weil ich mich nicht imstande sah, durch die Manipulationen des Formats hindurch ein real existierendes Individuum zu erkennen. Am Donnerstag aber wurde die junge Frau für einige Sekunden kenntlich, obwohl sie sich auf eigene Veranlassung in ein tief dekolletiertes Negligé gekleidet hatte, das sie eher als anonymes Sexobjekt denn als Individuum wirken ließ. Sie schied freiwillig aus, weil sie sich offenbar – und das ist schon ein Stück Erkenntnis – in einer lose-lose-Situation wiedergefunden hatte. Sowohl als Siegerin wie auch als Unterlegene im Finale hätte sie nur weiteres Material für das (nicht nur) mediale Mobbing geliefert, dem sie ausgesetzt war. Futter für den Hass, aufbereitet und ausgestreut von Pro 7. Freilich hatte sie übersehen, dass es aus dieser Zwickmühle, in die man sie wissentlich manövriert hatte, keinen Patentweg ins Heile und Geschützte gibt. Einmal zur Projektionsfläche böser Absichten und Instinkte aufgebaut, konnte sie nichts anderes tun, als wenigstens – um in der passenden Terminologie zu sprechen – noch ein paar Likes zu stimulieren. Die kann sie von mir zwar nicht bekommen, da ich auf den entsprechenden Plattformen nicht aktiv bin. Aber ich versichere sie hiermit einer anderen, womöglich etwas altfränkischen Reaktion, nämlich meines ehrlich empfundenen Mitleids.

Fünfte These: GNTM verrät die Emanzipation. Niemals würde ich einer jungen Frau einen Vorwurf daraus machen, dass sie nicht Kinderkrankenschwester, Kfz-Mechanikerin oder Vorstandsvorsitzende in der Stahlindustrie, sondern stattdessen Mannequin (ich hänge an diesem alten Wort) werden will. Schön zu sein, besonders für andere, ist ein Wunsch, der dem Menschen innewohnt und ohne den unser Planet noch viel jämmerlicher aussähe. Aber es ist eine bodenlose Frechheit, und mehr als das, wenn GNTM in Person von Frau Klum jungen Frauen gebetsmühlenhaft einredet, sie müssten als Models ihre individuelle Persönlichkeit (immer: „Personality") zum Ausdruck bringen, während man sie gleichzeitig Wochen und Monate lang darauf konditioniert, nicht nur ihren Körper, sondern alle ihre Lebensäußerungen dem Kommando von Tänzerinnen, Modedesignern, Kosmetikvermarktern und insbesondere dem Kommando von – durchweg männlichen! – Fotografen zu unterwerfen. Diese Perfidie tarnt sich in GNTM nahezu perfekt, indem sie sich möglichst offen auslebt. Das geht bis hin zu negativen Urteilen über Kandidatinnen, die damit begründet werden, dass sie nicht authentisch gewirkt hätten, weil sie die Kommandos des Mannes an der Kamera nicht schnell und präzise genug befolgt hätten. In GNTM heißt es permanent „Sei mal spontan!", als sei diese Aufforderung nicht schlechthin widersinnig.

Soweit meine Wahrnehmungen und Erkenntnisse. Was meine Gefühle angeht, lässt mich mein Selbstversuch mit GNTM gespalten zurück. Einerseits schäme ich mich. Ich schäme mich für den Sender Pro 7 und seine Orgie der Manipulation, die bis hin zur körperlichen Gefährdung der Kandidatinnen geht. Ich schäme mich für Frau Klum, die in Gestalt einer attraktiven und leutseligen Eismutter dieses Format repräsentiert. Ich schäme mich für die jungen Frauen, die man – im Wortsinne – verraten und verkauft hat. Und ich schäme mich nicht am wenigsten für mich selbst, der ich durch mein Zuschauen Teil der Veranstaltung geworden bin, auch wenn ich mich (nicht zuletzt durch diesen Text) noch so sehr anstrenge, meine Distanz und meine Ablehnung zu dokumentieren.

Andererseits war es vielleicht sinnvoll, meine Welt der wohlbegründeten Vorurteile einmal zu verlassen und mich in die Welt der real existierenden Manipulationen zu begeben. Vorurteile, und mögen sie noch so zutreffend sein, wirken auf Dauer entfremdend; und Entfremdung schwächt. Vermeidungsstrategien und Schonhaltungen können die Heilung verhindern. Nicht selten ist der Schmerz besser zu ertragen als die Angst vor ihm.

Schließlich noch ein Wort zu einem Einspruch, den ich in meinem Kopf höre, während ich diesen Text schreibe. Er lautet: „Herr Spinnen, was haben Sie denn? Das ist doch ein höchst erfolgreiches Format! Millionen Zuschauer drängen sich vor den Endgeräten, und Tausende junger Frauen träumen von einer Teilnahme."

Das stimmt. Ich antwortete darauf mit einem Zitat von Theodor W. Adorno, das ich ein bisschen verknappt habe, ohne seinen Sinn zu berühren. Es lautet: „Das Publikum hat ein Recht darauf, nicht zu bekommen, was es verlangt." Mehr will ich dazu nicht sagen.

7. Verschwörungstheorie
Ein Erklärungsversuch (31. Mai 2020)

Das Wort Verschwörungstheorie hat eine sehr üble Aura. Man muss es nur aussprechen, und schon erscheint er vor dem geistigen Auge: der ungepflegte und schlampig gekleidete Mensch im mittleren Alter mit dem selbstgebauten Aluhut auf dem Kopf (der ihn vor Strahlen schützen soll), dem wilden Glänzen im Blick und dem Plakat in der Hand, auf dem er in wackligen Buchstaben eine Kurzfassung seiner Welterklärung niedergelegt hat. Es ist eine der üblichen Vorsichtsmaßnahmen im städtischen Alltag, den Kontakt zu solchen Menschen zu meiden. Besser, man macht einen großen Bogen um sie herum. Denn wenn man versucht, sie auf den sogenannten Boden der Tatsachen und des gesunden Menschenverstandes zu holen, reagieren sie aggressiv. Schenkt man ihnen hingegen ein wenig freundliches Interesse, so bestrafen sie einen mit stundenlangen Vorträgen, die sich in immer abstrusere Regionen verlieren.

Es ist kein Wunder, dass die Corona-Pandemie ein besonders stimulierendes Klima für Verschwörungstheorien schafft. Sie liefert alles, was deren Wachstum und Ausbreitung befördert: eine globale Bedrohung, wissenschaftlich kaum erforschte Phänomene, die Beteiligung verschiedener Instanzen, ungeklärte Zusammenhänge. Zu toppen wäre eine Pandemie womöglich nur durch die Landung von Raumschiffen aus dem All.

Aber wie wäre es? Lockern wir doch mal für eine kurze Zeit die Regeln zur Distanzhaltung gegenüber dem Gedankengut der Leute mit den Stanniolhüten und fragen wir uns im naiven Stil des Physiklehrers aus der Feuerzangenbowle: „Wat is eijentlich en Verschwörungstheorie?"

Stark verknappt könnte man sagen: Sie ist der Versuch, eines oder mehrere Phänomene in einen Zusammenhang zu setzen und dem Ganzen einen Sinn zuzuschreiben. Es geht um die Inthronisation der starken Wörter „weil" und „damit" in Texten, deren Bestandteile bislang nur durch ein schwaches „und" zusammengehalten wurden.

So betrachtet, tut der Verschwörungstheoretiker zunächst einmal etwas, das wir alle dauernd mehr oder minder unbewusst tun. Wir sind von einer Unmenge von Phänomenen und Umständen umgeben, die uns nicht darüber aufklären, was sie miteinander zu tun haben, inwiefern sie uns betreffen oder uns gar etwas mitteilen wollen. Also konstruieren wir

Zusammenhänge und Bedeutungen. Zudem fragen wir uns beständig, was das alles mit uns zu tun hat und wie wir uns verhalten sollen. Früher deuteten wir das Verhalten der Tiere, die wir jagten, heute deuten wir die Äußerungen der Menschen, mit denen wir arbeiten oder leben wollen.

Provokativ gesagt: Wir alle sind Verschwörungstheoretiker. Wir gehen durch unseren Alltag und sind nicht bereit, nein!, nicht in der Lage, alles was uns widerfährt als eine Kette von Zufällen zu betrachten. Das ist auch richtig so, denn aus Zufällen lernt man nichts. Um weiterzukommen, um uns zu stärken bei der Bewältigung des Lebens, bedarf es der Wahrnehmung, besser: der Konstruktion von Zusammenhang, Regelhaftigkeit und Absicht. So kann es dem schieren Überleben dienen, wenn man sich selbst als das beabsichtigte Ziel der Phänomene in seiner Umgebung begreift. Gut, die Autofahrer (jedenfalls die meisten) wollen mich nicht überfahren, aber indem ich im Straßenverkehr so tue, als ob sie das wollten, schärfe ich meine Aufmerksamkeit.

Und jetzt Corona. Eine aggressive Seuche überzieht die Welt. Ihr Ursprungsort scheint bekannt zu sein. Die Krankheit erweist sich als selektiv, sie betrifft vor allem ältere und sozial schwache Menschen. Und sie entwickelt sich in verschiedenen Ländern auf unterschiedliche Art und Weise. – Sollen wir das jetzt alles einen Zufall nennen?

Ich denke, es wäre vielleicht am besten so. Jedenfalls wäre es sehr viel besser als die aggressiven Varianten der Sinnstiftung, wie sie unter anderem vom amerikanischen Präsidenten Donald Trump verbreitet werden. Doch leider sind wir unfähig, uns bei der Seuche nichts zu denken. Stattdessen hängen wir aus begreiflichen Gründen seit Wochen an den Lippen der Epidemiologen, die auch nichts anderes tun, als hinter den scheinbaren Zufälligkeiten der Seuchenausbreitung Gesetze wahrzunehmen, deren Kenntnis helfen soll, Menschenleben zu retten. Epidemiologen sind keine Verschwörungstheoretiker, das hoffe ich jedenfalls, aber auch sie suchen nach Regelmäßigkeiten und Gesetzen. Zum Glück sind sie allerdings im Gegensatz zu den Aluhutträgern Pragmatiker. Es geht ihnen darum, die Grundlage für sinnvolles Handeln zu schaffen. Sie versuchen herauszufinden, was die Seuche tut, mit dem Warum befassen sie sich (hoffentlich) nicht.

Und darin liegt der gewaltige Unterschied zu den Leuten mit den Aluhüten. Die gehen in ihrem Denken eilig über das Was und das Wie hinaus. Sie interessieren sich vor allem für das Warum und Wozu. Doch das scheint nur so! In Wahrheit interessieren sie sich ausschließlich für sich selbst. Sie sind voller Angst, und ihre Angst macht, dass sie alles auf sich beziehen. Sie können nicht zulassen, dass etwas geschieht, bei dem sie selbst nicht Mittelpunkt oder Ziel sind. Mag sein, sie verbreiten globale Theorien (Bill Gates ist schuld oder die WHO), tatsächlich aber betreiben sie nur eine panische Selbstbestätigung. Ihr neo-descartisches Lebensmotto lautet: „Man hat es auf mich abgesehen, also bin ich." Sie finden ihre Existenzbegründung in ihrer Rolle als Zielscheibe böser Machenschaften.

Es mag leichtfallen, den Verschwörungstheoretikern mit verächtlicher Herablassung zu begegnen. Diese Spinner! Ich denke allerdings, man tut gut daran, gelegentlich auch den Verschwörungstheoretiker in sich selbst wahrzunehmen. Ich habe das getan. In meinem ersten Text („Besser blind?) hatte ich darüber geschrieben, wie ich selbst mich von der Seuche beobachtet und als Opfer eingeschätzt sehe. Das war bereits ein Schritt auf einem gefährlichen Weg. Immerhin habe ich ihn öffentlich gemacht – und damit anderen die Möglichkeit gegeben, mich zurückzurufen. Mein Dank gilt denjenigen, die das getan haben.

8. Spüre die Macht
Autorität durch Corona? (7. Juni 2020)

Wie sah bislang das Leben der politisch Verantwortlichen in unserem demokratischen Staatsgebilde aus? Sollte ich es in einem Bild darstellen, würde ich Menschen malen, die durch knietiefen Honig gehen. Sie haben ein Ziel, sie haben Absichten, aber jeder einzelne Schritt ist schwierig, alles ist zäh und kostet eine ungeheure Menge Kraft.

Natürlich haben wir gut daran getan, nach den schrecklichen Erfahrungen mit dem Missbrauch politischer Macht in der ersten Hälfte des zwanzigsten Jahrhunderts ein System zu etablieren, das eine ständige und strenge Kontrolle der Machthaber vorsieht. Ohne zynisch sein zu wollen, würde ich sagen, dass die Demokratie weniger eine Methode ist, mit der man zuverlässig die allerbesten Lösungen findet, und mehr eine Sicherheitsmaßnahme, die verhindern soll, dass Einzelne oder kleine Gruppen ihren persönlichen Wahnsinn zum Schaden aller ausleben.

Für den Alltag der politisch Verantwortlichen bedeutet das allerdings, dass es sehr schwierig ist (und immer schwieriger wird), Dinge zu bewegen oder zu verändern. Die Regierungsarbeit ist ein universelles Hindernisrennen. Kaum, dass eine Absicht der Regierenden bemerkt wird, melden sich, befähigt und ermuntert durch die Möglichkeiten unserer Mediengesellschaft, die verschiedenen Interessensgruppen lautstark zu Wort. 1968 war die „Außerparlamentarische Opposition" noch eine Gruppe relativ weniger Individuen, heute bildet die gesamte Bevölkerung eine Art permanenter APO. Doch um es noch schwieriger zu machen, ist die in sich vielfach gespalten. Sie will glückliche Tiere, chemiefreie Landwirtschaft und niedrige Lebensmittelpreise, sie will Elektroautos, aber keine Stromleitungen, sie will ein besseres Klima und preiswerte Fernreisen, sie will dies und das und jenes und nichts in ihrer Nachbarschaft, das sie stören könnte.

Folgerichtig geht es in unserer praktischen Politik mehr und mehr um Kompromisse. Niemand setzt sich mehr durch, es herrscht vielmehr ein universelles Sich-Durchschlängeln, nicht unähnlich dem „Fortwursteln", wie der Schriftsteller Robert Musil einmal die österreichische Staatsphilosophie vor 1914 bezeichnet hat. Womöglich sind wir schon so weit, dass nicht einmal kleine Koalitionen mehr funktionieren; immerhin werden wir wohl nicht von ungefähr seit vielen Jahren von einer großen Koalition

45

regiert, deren Kabinettsbeschlüsse nicht die Umsetzung von Parteiprogrammen sind, sondern selbst bereits mühsam und unter großen Reibungsverlusten erzielte Kompromisse.

Und jetzt Corona. Unser aller Leben ist durch die Pandemie dramatisch verändert worden, in den allermeisten Fällen zum Schlechteren. Wir alle reden dauernd davon, und gäbe es nicht die Pflicht zum Tragen des Mundschutzes, würden wir noch mehr davon reden. Wie aber hat Corona das Leben und die Befindlichkeit der politisch Verantwortlichen verändert? Ich stelle mir vor, in zweierlei Hinsicht:

Erstens. Es gibt noch mehr Arbeit, sehr viel mehr Arbeit. Dazu die Sorge, dass sich die Resultate politischer Entscheidungen nicht mehr nur in den Statements von Interessengruppenvertretern, im Auf und Ab des Politbarometers oder in einem Shitstorm niederschlagen, sondern womöglich in erhöhten Infektionsraten und Sterbequoten. Es ist das eine, sich vorstellen zu müssen, dass man von Gewerkschaftlern oder Unternehmern hinter mehr oder weniger vorgehaltener Hand als Idiot (oder Schlimmeres) bezeichnet wird; etwas anderes ist es, sich vorstellen zu müssen, dass infolge der Anordnung Nummer 47/2020 Menschen auf Krankenhausfluren sterben.

Zweitens. Es gibt womöglich die neue Erfahrung eines beinahe unmittelbaren Zusammenhangs zwischen Entscheidung, Anordnung und Ausführung. Das Infektionsschutzgesetz hat den politisch Verantwortlichen von einem Tag auf den anderen eine ungeheure Machtfülle beschert. Seit drei Monaten wird in unserem Staat in einem seit 1949 (außerhalb des Militärischen) nicht mehr bekannten Maße befohlen und gehorcht. Die aktuellen Bestimmungen reichen bis in die tiefsten Tiefen des Privatlebens. Und es mag zwar öffentlich geäußerten Widerspruch dagegen geben, aber er ist verschwindend gering, vergleicht man ihn mit dem Widerspruch, der in Vor-Corona-Zeiten gegen wesentlich weniger „invasive" Maßnahmen an der Tagesordnung war.

Was bedeutet nun diese Erfahrung für unsere politisch Verantwortlichen? Was fühlen sie? Ich versuche, mir das vorzustellen. Ihr Leben hat sich verändert. Statt wie gewohnt monatelang händeringend nach dem größten gemeinsamen Nenner in irgendeinem Miniproblem zu suchen, den dann umgehend alle ablehnen, treffen sie jetzt nach kurzer Beratung weitreichende und existenzielle Entscheidungen, die alle akzeptieren, fast ohne zu murren. Sie hatten sich schon daran gewöhnt, für alles und jedes den Watschenaugust zu spielen, jetzt fungieren sie als Anführer, als Hoffnungsträger oder sogar als Heilsbringer. Wollte man ihnen früher überhaupt Tugenden zusprechen, so waren es am ehesten noch die der Aufmerksamkeit, der politischen Korrektheit, der Bürgernähe und der Verhandlungsbereitschaft; jetzt ist wieder von Führerschaft die Rede, von entschlossenem Auftreten und Durchsetzungsfähigkeit. Unsere Gesellschaft war schon fast so weit, dass jeder der oder die Vorsitzende einer eigenen Partei war, jetzt hingegen scharen sich wieder deutlich mehr Menschen um die, die gerade das Sagen haben.

Corona wird vorbeigehen. (Ich hoffe das jedenfalls sehr.) Aber niemand kann jetzt schon mit Sicherheit sagen, zu welchen Routinen wir zurückkehren, in welcher allgemeinen Bewusstseinslage wir uns wiederfinden werden. Wahrscheinlich werden wir diese plötzliche Wiederauferstehung alter Strukturen von Macht und Gehorsam rasch wieder beenden. Immerhin aber wird einer ganzen Generation von politisch Verantwortlichen diese Erfahrung bleiben. Ob sie etwas in ihnen verändert? – Ich weiß es nicht.

9. Zombiefilme
Lernstunden für die Pandemie (14. Juni 2020)

Ich gebe zu, ein bisschen überrascht war ich schon, nachdem ich den Wikipedia-Artikel über Zombiefilme aufgerufen hatte. Eine so ambitionierte, theorielastige und verweisreiche Darstellung hatte ich nicht erwartet. Aber wenn ein filmisches Genre dermaßen viele Zuschauer hat, sind wohl auch etliche darunter, die sich solche Orgien von Verwesung und Grausamkeit nicht nur ansehen, sondern auch darüber nachdenken.

Gehöre ich zu ihnen? Nun ja. Ich schätze, 98 Prozent der in dem besagten Artikel aufgelisteten Filme habe ich nicht gesehen. Aber die, die ich gesehen habe, haben auch mir einiges Material zum Nachdenken geliefert. Und siehe: Ein paar meiner wichtigsten Wahrnehmungen und Schlussfolgerungen fand ich in dem Wikipedia-Artikel bestätigt.

Zur Sache. Zombiefilme gibt es praktisch seit dem Beginn der Filmgeschichte. Eine lange Zeit speisten sie sich überwiegend aus der Tradition der Vampirgeschichten, deren bewusstseinsgeschichtlicher oder psychologischer Hintergrund wahrscheinlich die Urangst des Menschen vor den Phänomenen Tod und Verwesung ist. Mit dem 1954 erschienenen Roman „I am Legend" des damals achtundzwanzig Jahre alten Amerikaners Richard Matheson nahm das Genre dann eine entscheidende Wendung. Der Roman wurde mehrfach verfilmt, und insbesondere die Version von 2009 mit Will Smith in der Hauptrolle repräsentiert die aktuell dominierende Strömung der Zombiefilme. Kurz nach diesem Film begann die amerikanische Fernsehserie „The Walking Dead", die ein ganz ähnliches Szenario präsentiert und mit inzwischen weit über hundert Folgen von je fünfundvierzig Minuten schon rein quantitativ einen beachtlichen Anteil aller bislang hergestellten Zombiefilme ausmacht.

Worum geht es nun in diesen „state of the art-Zombiefilmen"? Ich fasse es knapp zusammen: Eine rätselhafte Krankheit breitet sich in rasender Geschwindigkeit durch Infektion über die ganze Welt aus. Die Krankheit ist unheilbar, und die Versuche zur radikalen Isolation der Infizierten versagen vor der Aggressivität des Virus. In kürzester Zeit brechen alle gesellschaftlichen und staatlichen Systeme zusammen, es entsteht die postapokalyptische Szenerie von menschenleeren und alsbald verkommenden Städten und Landstrichen.

Die von der Krankheit Befallenen sterben allerdings nicht, sondern verwandeln sich in Zombies, also in extrem reduzierte Lebewesen mit allmählich verwesender menschlicher Gestalt, deren Sinnen und Trachten ausschließlich der Nahrungssuche gilt. Ihre einzige Nahrung aber sind die bislang nicht befallenen Menschen, die bei den Attacken der Zombies wiederum in Zombies verwandelt werden und sofort mit der weiteren Verbreitung des Virus beginnen.

Laut Wikipedia-Artikel (und ich zweifle nicht daran) dominieren seit etwa drei Jahrzehnten Filme mit einem solchen Grundmuster das Genre. Aber was bedeutet das? Hat das überhaupt etwas zu bedeuten? Ist das alles nicht bloß ein sensationsheischendes Kommerzkino, über das man sich möglichst wenig Gedanken machen sollte?

Ich denke, nein. Frühe Filmtheoretiker wie Siegfried Kracauer haben bereits vor hundert Jahren vermutet, dass jenes Unterhaltungskino, das anscheinend nur auf die „niederen Instinkte" eines Massenpublikums spekuliert, tatsächlich mehr gedanklichen Tiefgang besitzt, als der intellektuelle Verächter ihm zuschreiben möchte. Vielmehr versorgen die populären Spektakelfilme die kollektiven Ängste der Zeitgenossen mit den entsprechenden Bildern. Mit anderen Worten: Sie erfinden keine unerhörten und albtraumhaften Szenarien, sondern sie illustrieren oder inszenieren die mehr oder minder bewussten, mehr oder minder artikulierten Albträume ihres Publikums. Ich kann mich dieser Einschätzung nur anschließen.

Was aber bedeutet es dann, wenn der Zombiefilm die oben beschriebene Entwicklung genommen und sich gewissermaßen in den Pandemiefilm verwandelt hat? – Ich offeriere eine mögliche Antwort:

Die Angst des zeitgenössischen Menschen richtet sich verstärkt auf die möglichen Folgen der von ihm mit großer Anstrengung vorangetriebenen Zivilisation. Darüber, dass der Mensch selbst des Menschen schlimmster Feind sei (Thomas Hobbes, 1642: homo homini lupus), diskutiert die Menschheit seit Langem; die modernen Zombiefilme konkretisieren diese Angst. Es geht in ihnen weniger um die Aggressivität staatlicher Gebilde oder gesellschaftlicher Gruppen, also nicht um Krieg oder Bürgerkrieg, sondern um die Selbstgefährdung des Menschen durch die Folgen der Zivilisation, vor allem durch Überbevölkerung und Globalisierung.

Moderne Zombiefilme inszenieren, so kommt es mir vor, die verbreiteten Schreckensfantasien, die auf der kollektiven Angst vor einem totalen Zusammenbruch der menschlichen Gesellschaft beruhen. Dabei ist dieser befürchtete Zusammenbruch „hausgemacht", also selbstverschuldet. Er rührt daher, dass die Menschen nicht mehr ihrer Natur gemäß, also gewissermaßen nicht mehr artgerecht leben. Statt, wie in den vielen Zehntausenden von Jahren zuvor, in eher kleinen und überschaubaren sowie voneinander deutlich unterscheidbaren und voneinander getrennten gesellschaftlichen Einheiten zu leben und zu wirtschaften, haben sie den Planeten in eine flächendeckende und eng vernetzte humane Monokultur verwandelt. Infolgedessen sind sie wie alle künstlich hergestellten Monokulturen extrem anfällig gegen infektiös verbreitete Krankheiten. Es besteht daher die Gefahr, dass Infektionserkrankungen, die früher nur lokale Schäden anrichteten, zu einem kompletten Ende der Spezies führen. Es gilt jetzt: homo homini virus. Und wie das aussehen könnte, davon handeln die Zombiefilme.

Ich sage das frei heraus: Zu Beginn des Corona-Lockdowns habe ich mich manchmal gefühlt, als sei ich Statist in den Eingangssequenzen der besagten Filme. Genau wie dort gab es die sich überschlagenden, einander widersprechenden und sich zuspitzenden Nachrichten in den Medien; es gab die staatlichen Maßnahmen, die dramatisch in die persönliche Freiheit eingriffen. Und schließlich gab es unter Corona zwar keinen schlagartigen Zusammenbruch des ökonomischen Systems, aber den der Kulturwelt, von dem ich als freiberuflicher Schriftsteller sofort und vollständig betroffen war. Und schließlich gab es: das Rätselraten, die Unsicherheit, die Angst. Manchmal wünschte ich mir in diesem Frühjahr, ich hätte niemals einen Zombiefilm gesehen. Dann wiederum dachte ich: Vielleicht haben sie mich nur besser vorbereitet auf das, was jetzt gerade passiert.

Momentan sieht es so aus, als würde der Zombiefilm, in dem wir gerade leben, noch einmal einigermaßen gut ausgehen, also ohne die Vernichtung der Menschheit. Es gibt filmische Vorbilder für ein derart gutes Ende. In „I am Legend" findet der Held ein Mittel, um die Zombies zu heilen. Er selbst stirbt zwar, aber mit seinem Tod ermöglicht er die Verbreitung seiner Erkenntnis. So ähnlich, das wünschte ich mir, sollte auch unser Film enden, am besten ohne den Tod allzu vieler Statisten. Tatsächlich warten wir ja alle händeringend auf die Nachricht von der Entdeckung des Gegenmittels.

Und dann ist da noch eine Frage, die mich umtreibt, obwohl sie angesichts des real existierenden Schreckens marginal zu sein scheint. Wie, so frage ich mich, wird man nach einem Ende der Pandemie die Angst des Menschen vor den Folgen seines nicht-artgerechten Lebens darstellen? Wie werden sie aussehen, die Zombiefilme nach Corona?

10. Fleisch ist nicht böse
Corona-Ausbruch in einer Großschlachterei (21. Juni 2020)

In meinem ersten Corona-Text „Besser blind?" hatte ich das neue Virus mit der Pest verglichen und die als „blind" bezeichnet Wer sich mit ihr infizierte, war dem Tode geweiht, unabhängig von Alter und Konstitution. Verglichen damit erschien mir Corona als geradezu wählerisch – und ich gab meiner Angst Ausdruck, seine Wahl könnte auf mich fallen. Ich habe das Anfang April geschrieben, als die Seuche für mich (wie wohl für viele) noch ein konturloses Gespenst war, das man sich in dunklen Stunden als einen satanischen Selektierers vorstellen mochte, der einen bösen Plan verfolgt. Folglich fürchtete ich, es könnte neben den unvermeidlichen Verschwörungstheorien auch Schuldzuweisungen, Frontbildungen und Ausgrenzungen geben, allesamt geschuldet dem Versuch, sich vor der Seuche in Sicherheit zu bringen.

In den folgenden Wochen habe ich dann aber mit Genugtuung beobachtet, dass zumindest wir hier in Deutschland uns um eine möglichst hohe Solidarität gegen das Virus bemüht haben. Fast widerstandslos (man möchte sagen: stoisch) haben wir Unmengen an Schrecklichem akzeptiert und ertragen: Arbeitslosigkeit, Verarmung, Kulturabbau, Vereinzelung, Isolation und die Verwandlung von „Nähe" in eine negative Metapher, um nur einiges zu nennen. Akzeptiert und ertragen wurde das alles durch die verbreitete Überzeugung, die entsprechenden Schutzmaßnahmen seien notwendig im Kampf gegen etwas, das niemand verschuldet hat und das alle gleichermaßen bedroht.

Das war und ist eine Leistung! Anderswo suchen hochrangige Politiker nach den Schuldigen für die Pandemie, die natürlich immer im Ausland sitzen. Mir dreht sich der Magen um, wenn ich den amerikanischen Präsidenten Trump höre, der sich gegenüber Corona verhält, als sei es eine Art Indianerüberfall.

Dennoch lebe ich seit Wochen in der Sorge, dass die Solidarität gegenüber dem Virus Risse und Brüche bekommen könnte. Konkret: Ich fürchte Auseinandersetzungen zwischen denen, die alle neuen Regeln befolgen und daraus für sich eine Art Recht auf Gesundheit ableiten, und denen, die aus welchen Gründen auch immer gegen die Regeln verstoßen und so (zumindest im Bewusstsein der anderen) vom Opfer zum Täter der Pandemie werden.

Die Vorkommnisse rund um die fleischverarbeitenden Firmen in Coesfeld und Rheda-Wiedenbrück liefern nun dem regelkonformen Pandemiebürger gleich zwei Gruppen von Menschen als idealtypische Feindbilder. Da sind einerseits die Lebensmittelunternehmer, denen zur Senkung ihrer Preise und damit zur Beherrschung des Marktes jedes Mittel recht ist. Und da sind die Arbeitskräfte aus Osteuropa, die zwar einerseits Opfer dieses Unternehmertums, andererseits aber auch unfähig oder gar unwillig sind, sich in die Lebensregeln zu Pandemiezeiten zu fügen. Ähnlich wie anderswo „Großfamilien mit Migrationshintergrund" (so die gebräuchliche Beschreibung) missachten sie Abstandsregeln und Quarantäne. In Vor-Corona-Zeiten hätte man ihr „unsoziales" Verhalten mit ihrer höchst bedrängten Lebenssituation erklärt und entschuldigt, jetzt aber bangen viele Bürger um ihre bedrohte Existenz und fordern von osteuropäischen Fleischarbeitern eine Befolgung derselben Regeln, die sie selbst in Richtung Ruin treiben.

Und es geht noch einen Schritt weiter. In Rheda-Wiedenbrück haben Menschen gegen die Fleischindustrie im Ganzen protestiert. Das wirkte so, als hätten Vegetarier und Veganer jetzt einwandfreie Argumente gegen Schnitzel und Wurst, als hätte die Pandemie quasi den Beweis geführt: Wer Fleisch herstellt, befördert die Verbreitung des Corona-Virus. Das Virus ist einwandfrei schädlich, also ist auch die Fleischindustrie schädlich und muss weg.

Ich bitte, mich nicht misszuverstehen! Mir geht es hier nicht um eine Position in der Lebensmitteldebatte. Ich möchte vielmehr meiner Sorge Ausdruck geben, dass die Gefahr einer Instrumentalisierung des Virus noch keineswegs gebannt ist. Offenbar wirkt die Pandemie als Katalysator, als Beschleuniger ökonomischer und gesellschaftlicher Prozesse. Und das kann jederzeit den alten Marx'schen Satz auf den Plan rufen, wonach man stoßen soll, was sowieso schon strauchelt. Oder was man gerne fallen sähe.

Dazu einige Beispiele. Warenhäuser waren schon vor Corona ökonomische Auslaufmodelle: Jetzt killt das Virus Karstadt-Kaufhof. Der Profifußball ist überhitzt und geldgierig: Corona ruiniert die Vereine. Die Integrationsverweigerung und Ghettobildung von Menschen mit Migrationshintergrund schadet dem gesellschaftlichen Zusammenhang: Corona beweist es durch erhöhte Infektionszahlen unter der migrantischen Bevölkerung. Kreuzfahrtschiffe und Massentourismus ruinieren die Natur: Corona legt die Schiffe still und sperrt die Strände. Und so weiter.

Aber ich sage: Solche Gedankenverbindungen sind gefährlich! Ich halte es hingegen für wünschenswert, ja, für dringend geboten, Corona nicht vor irgendeinen Wagen zu spannen. Man wird kaum übersehen können, dass die Auswirkungen der Pandemie höchst verschieden sind. Aber es wäre fatal, diesen Umstand auf irgendwelche „Absichten" des Virus zurückzuführen.

Das Folgende sage ich als Fast-schon-Vegetarier: Fleisch ist nicht böse! Böse ist es, Arbeitskräfte durch Subunternehmer in sklavenähnlichen Verhältnissen leben zu lassen. Böse ist es, Verbraucher mit Preisen an die Wursttheke zu locken, die durch ausbeuterische Strukturen und durch die Missachtung des Tierwohls erzielt werden. Diese Missstände gehören abgestellt, auch wenn das Kotelett dann eher drei statt zwei Euro kosten würde. Fleisch an sich aber ist nichts anderes als ein Lebensmittel, über dessen Verzehr in einer freiheitlichen Demokratie jeder selbst entscheiden muss. Böse ist es nicht.

Pandemiegewinner 2
Mareike, 36, Managerin bei einer Drogeriemarktkette

Guten Tag. Ich heiße Mareike. Ich bin sechsunddreißig Jahre alt, und ich arbeite in der Zentrale einer Drogeriemarktkette. Sie kennen den Namen, muss ich jetzt nicht sagen. Seit zwei Jahren bin ich im Change Management. Oder, für den Fall, Sie mögen es ein bisschen konkreter: Wenn eine unserer Filialen schließt, dann organisiere ich das.

Glauben Sie mir, das ist eine Menge Arbeit. Da sagt man nicht mal eben: „So, liebe Leute, 30. Juni ist Schluss, geht mal schön nach Hause" – und das war's dann. Nein, das ist eine komplexe betriebswirtschaftliche Aufgabe, nur dass man eben nichts aufbaut, sondern etwas abwickelt. Das macht man keineswegs mit links! Denken Sie nur an die Atomkraftwerke. Da braucht es manchmal länger, sie zurückzubauen, als es gebraucht hat, sie aufzubauen. Und Sie können mir glauben: Bei einer Schließung kann man genauso viele Fehler machen wie bei einer Neueröffnung. Sie können da Geld versenken ohne Ende. Ich musste mich in diese Aufgabe richtig hineinarbeiten. Und dass ich dafür gut bezahlt werde, finde ich durchaus richtig.

Es gibt allerdings Leute, die glauben, ich würde den Job aus schierem Spaß an der Vernichtung machen. Weil ich nämlich ein Monster bin. Weil ich Freude daran habe, Menschen in die soziale Katastrophe zu schicken. Ja, ich bin so eine, die sich zum Frühstück gehacktes Glas auf den Toast streut und Sonntagmorgens Zombiefilme guckt. So eine bin ich. Ich lache mich schief, wenn angelernte Kräfte um die Fünfzig arbeitslos werden, weil kein Sozialplan der Welt ihnen einen neuen Arbeitsplatz beschaffen kann. Und wenn die Leute dann schreien und jammern, dann ist das Musik in meinen Ohren. Davon ernähre ich mich geradezu.

Ja, so eine bin ich. So eine soll ich jedenfalls sein, wenn es nach den Leuten geht. Bei allem, was ich tue, bei jeder Kleinigkeit, höre ich: Das macht sie, weil sie ein Charakterschwein ist. Zum Beispiel, wenn ich die Belegschaft an einem Samstag informiere. Klar, das mache ich natürlich, um die Leute zu überraschen. Die Nachricht muss wie ein Schlag vor den Kopf wirken. Die Mitarbeiter kommen am Samstagmorgen in ihre Filiale und sind ganz gut drauf. Ja, stimmt schon, die Umsätze sind seit Wochen ziemlich flau, eigentlich schon seit Monaten, dauernd gibt es irgendwelche

Gerüchte, und alle haben Angst. Aber in der letzten Woche ist nichts Schlimmes passiert, und jetzt ist erstmal Wochenende, da kann man wenigstens anderthalb Tage lang an was anderes denken als daran, dass man demnächst vor die Tür gesetzt wird.

Von wegen. Pustekuchen. Am Samstagmorgen komme ich, die menschliche Kettensäge im Schneiderkostüm, und setze eine außerordentliche Betriebsversammlung nach Geschäftsschluss an. Da bricht dann sofort Panik aus, und richtig, um Punkt 18 Uhr klettere ich auf einen Stuhl im Personalraum und sage meinen Satz: „Liebe Mitarbeiterinnen und Mitarbeiter, ich bin heute zu Ihnen gekommen." Mehr muss ich gar nicht sagen, und schon geht das Geschrei los. Wie damals, 1989, bei Genscher in der Prager Botschaft. Die Leute wissen dann Bescheid, dass sie alle was dürfen. Aber sie dürfen nicht raus aus irgendeinem Knast, sondern raus aus ihrem Job.

Eigentlich wissen sie schon Bescheid, wenn die Versammlung angekündigt wird. Aber sie bewahren sich so eine klitzekleine Hoffnung. Vielleicht, denken sie, vielleicht reduzieren die nur ein bisschen das Personal, und es trifft nicht mich, sondern jemand anderen. Doch dann komme ich und sage meinen halben Satz, und allen ist absolut klar, dass wir den Laden komplett dichtmachen. Natürlich sage ich meinen Satz zu Ende und den Rest von meinem Text, aber das ist eigentlich überflüssig, denn bei dem Geschrei versteht mich sowieso keiner mehr.

Ja, genau. Und an so was hab ich meine Freude. Logisch. Ich finde das ganz toll, da vorne zu stehen und für die Leute der Überbringer ihrer schlechtesten Botschaft zu sein. Sie haben jetzt die Scheiße am Hals, und ich bin das Gesicht dieser Scheiße. (lacht) Wem das keine Freude bereitet, wen das nicht in eine, wie soll ich sagen, in eine ganz besondere Erregung versetzt, den möchte ich sehen. Dass ich dafür bezahlt werde, ist im Grunde ein Witz. Eigentlich müsste ich dafür bezahlen, dass ich Dinge tun darf, für die die Leute mich mit einer Inbrunst hassen, mit der sie vorher womöglich noch niemanden gehasst haben.

Ach ja, und damit das klar ist: So eine Filiale zu schließen, das ist ein purer Willkürakt von diesen Sadisten in der Zentrale, für die ich arbeite. Das hat überhaupt nichts damit zu tun, dass da nur noch Geld verbrannt wird. Nein, nein! Es ist vollkommen unwichtig, ob so ein Laden die Kohle verdient, mit der er seine Mitarbeiter bezahlt, oder ob er Schulden machen muss, um sie zu bezahlen. Marktwirtschaft? Hallo? Wettbewerb? Hallo?

Nein, nie davon gehört. So was gibt es nicht. Wer einmal jemanden eingestellt hat, der muss ihn sein Leben lang behalten und bezahlen, ganz egal ob Kunden kommen oder ob es Aufträge gibt oder ob die Konkurrenz einen platt macht. Entlassung? Kommt nicht in die Tüte. Wir leben doch im totalen Kommunismus, wir haben die Planwirtschaft. Nichts muss funktionieren, aber alle kriegen ihr Taschengeld, ihre preiswerte Wohnung und jeden Tag ein großes, billiges Stück Fleisch in die Pfanne. Dafür sind die da oben zuständig. Sollen sie doch sehen, wie sie das bewerkstelligen. –

Okay. Entschuldigung. Ich musste mir das mal von der Seele reden. Und wenn es nötig ist, dass ich das ausdrücklich sage, bitteschön: Ich bin kein Monster! Mein Gott, ich verstehe die Leute doch. Wer will denn schon seinen Job verlieren? Womöglich mit Mitte Fünfzig, sodass er keinen neuen findet. Ich bin zwanzig Jahre jünger, aber das heißt doch nicht, ich kann mir nicht vorstellen, wie das ist.

Aber man muss doch auch die andere Seite sehen. Wir im Management versuchen ja nur, das Schiff über Wasser zu halten; und wenn dafür ein paar von Bord müssen, dann ist das bitter, aber was ist die Alternative? Sollen etwa alle absaufen? Das ist doch keine Option.

Klar ist das Stress! Auch für mich. Ich sage Ihnen jetzt was ganz im Vertrauen: Ich war schon ein paarmal kurz davor, um eine Versetzung zu bitten, in eine andere Abteilung. Oder zu kündigen. Ich hab ein bisschen was gespart. Ich könnte mir ein Häuschen auf dem Land kaufen, ganz schlicht, mit ein bisschen Land drumherum. Wissen Sie, ich kann nämlich ganz gut mit Hunden. Früher haben wir immer Hunde gehabt, also meine Eltern, aber jetzt geht das nicht mehr, weil ich so viel unterwegs bin. Also, ich könnte da draußen einen Hund haben oder zwei und eine Hundepension aufmachen. Und ich könnte so einen Hundetrainerschein machen und Kurse anbieten. Ehrlich, das traue ich mir zu.

Okay, das ist nur so eine Idee. Ich erzähle das, damit Sie sehen: Was ich da mache, das geht mir ganz schön an die Nieren. Wer ist schon gerne der Todesengel vom Dienst. So habe ich mir im Studium mein Berufsleben nicht unbedingt vorgestellt. Aber ich habe Familie. Unsere Mädels sind acht und sechs. Die haben sich an einen gewissen Lebensstandard gewöhnt. Wenn ich denen morgen verkünde: „Hurra, wir ziehen raus in die Pampa und machen eine Hundepension auf. Besorgt euch schon mal

Gummistiefel und verabschiedet euch von euren Freundinnen!", was glauben Sie, was ich dann zu hören kriege? Das wollen Sie gar nicht wissen. Ich übrigens auch nicht.

Ja, und dann kam Corona. Zuerst nur diese leicht beunruhigenden Meldungen aus China. Und ist ja klar, in China brüten sie immer so was aus und kriegen es dann nicht schnell genug in den Griff. Lieber alles vertuschen. Aber mit uns hier in Europa hat das nichts zu tun. Sollen deren Reissäcke doch reihenweise umfallen, uns kratzt das nicht.

Von wegen! Freitag, der 13. März 2020: Lockdown. Und glauben Sie mir, an genau diesem Tag war mir vollkommen klar, was das für uns bedeutet, also für unsere Kette. Es bedeutet: Wir holen jetzt den großen Plan zum Gesundschrumpfen raus. Den Masterplan, den wir seit Jahren in der Schublade verstecken. Der Plan ist denkbar einfach: Alle unrentablen Filialen schließen, die Immobilien verkaufen oder umnutzen und die Läden, die noch gut gehen, mit dem Gewinn aufwerten. Und zwar mit einem ganz neuen Konzept, damit wir gegen den Internethandel noch irgendwie ankommen.

Und was soll ich sagen? Genau das setzen wir jetzt um, praktisch eins zu eins. Mit Corona im Rücken, jawohl. Oder: auf den Flügeln von Corona. Wir denken jetzt nicht mehr darüber nach, was wir machen wollen oder dürfen, nein, Corona diktiert uns, was wir machen müssen; und was wir machen müssen, das müssen wir jetzt sofort machen. Was natürlich bedeutet: Großeinsatz für das Change Management. Früher musste ich alle paar Monate raus, seit Corona jede Woche. Jede Woche eine Betriebsversammlung, jede Woche bin ich der Genscher auf dem Prager Balkon, nur umgekehrt, ein Genscher mit einer Hiobsbotschaft, ein Genscher mit einem dicken Minus auf der Stirn. –

Aber, und jetzt werfen Sie bitte nicht mit Steinen nach mir: Corona erleichtert mir meinen Job. Und wie es das tut! Für Corona hat nämlich jeder Verständnis. Corona hat nichts mit gewissenlosen Managern zu tun, mit Nieten in Nadelstreifen. Corona kommt nicht aus der Konzernzentrale. Corona kommt aus dem Himmel. Oder aus der Hölle. Corona hat uns der liebe Gott geschickt oder der Teufel oder wer sonst für die Schöpfung zuständig ist. Von mir aus waren es auch die Chinesen, Hauptsache, man kann nicht mehr *mich* für die schlechten Nachrichten verantwortlich machen, die ich überbringe. Hauptsache, *ich* bin nicht mehr das Gesicht der Katastrophe. Nein, das ist jetzt Corona.

Wissen Sie, was mir neulich passiert ist? Wissen Sie natürlich nicht, aber ich erzähle es Ihnen. Ich gehe in eine unserer Filialen. Warum wohl? – das können Sie sich denken. Und da kommt eine Vertreterin der Belegschaft auf mich zu, streckt mir die Hand entgegen und sagt: „Wir sitzen ganz schön in der Scheiße, was?"

Haben Sie das jetzt verstanden? Sie hat „wir" gesagt. Wir, also: sie und ich und alle anderen. Wir alle zusammen. Und auf der Belegschaftsversammlung haben die meisten auch so reagiert. Im Sinne von: „Wir haben's abgekriegt, wir sind am Arsch." Wir alle zusammen. Mich haben die Leute zum ersten Mal angesehen, als wäre ich kein Monster, sondern, ja, eine von ihnen. Als würde es demnächst vielleicht auch mich erwischen. Das war ein dermaßen schönes Gefühl. Ich sage das ganz unumwunden: Das hat mich für vieles entschädigt.

Und nebenbei gesagt: Vielleicht werde ich ja tatsächlich rausgeworfen. Keine Ahnung. Ich halte das nicht für ausgeschlossen. Weiß ich denn, ob ich unseren Masterplan so ganz kenne? Ob es nicht mittlerweile einen Masterplan 2.0 gibt, bei dem das ganze Management halbiert wird? Und irgendwie wäre das doch ganz natürlich, wenn eine Abteilung, die fürs Change Management zuständig ist, aufgelöst wird, sobald der Change abgeschlossen ist. Wer weiß. Und dann wird am Ende doch noch was aus meiner Hundepension. Ist immerhin eine Perspektive.

Und wissen Sie, was? (lacht) Meine Familie dürfte nicht meckern, wenn es dann raus in die Pampa und rein in die Gummistiefel geht. Wäre ja nicht meine Entscheidung oder mein Fehler. Wäre ja alles wegen Corona.

11. Wissen und Handeln
Epidemiologie, Autorität und Sorge (12. Juli 2020)

Ein ganzes Volk beschäftigt sich mit einer Wissenschaft. Nun ja, vielleicht nicht ein ganzes Volk, aber sehr viel mehr Leute als gewöhnlich. Sie beschäftigen sich mit Epidemiologie. Das ist, wenn man es wörtlich aus dem Griechischen übersetzt, die Lehre von dem, „was über das Volk kommt". Kein Wunder also, dass ein Volk, über das die Epidemie Corona gekommen ist, sich für diese Wissenschaft interessiert.

Dabei artikuliert das Volk sein Interesse so, wie es den Gewohnheiten einer Mediengesellschaft entspricht. Etwa verwandelt es eine Reihe von Epidemiologen in eine Mischung aus Superhirn, Popstar und Guru. Allen voran den Professor Drosten von der Charité. Man mag den Kopf darüber schütteln, aber die Angelegenheit ist einen zweiten Gedanken wert.

Ich hole ein bisschen aus. Amtsträger haben es heutzutage schwer. Das ganze Modell „Autorität" ist nach etlichen Zehntausend Jahren selbstverständlichen Bestandes in die Krise gekommen. Lange galt: „Einer weiß es besser und hat deshalb das Sagen", aber mittlerweile ist es eher so, dass jeder glaubt, selbst am besten Bescheid zu wissen, und sich infolgedessen nicht reinreden und erst recht nicht rumkommandieren lässt. Zumindest für sich selbst und seinen Hinterhof ist ein jeder der einzig kompetente Fachmann und folgerichtig auch der (möglichst) uneingeschränkte Herrscher. Die höchst kritische Aufmerksamkeit der Allgemeinheit richtet sich mittlerweile mehr gegen die Autoritäten, die den Staat repräsentieren, als gegen diejenigen, die ihn infrage stellen oder gar bekämpfen. In meiner Kindheit war antiautoritäres Bewusstsein Avantgarde; mittlerweile ist es Folklore. Man sehe sich nur den „Tatort" am Sonntagabend an: Die Mörder sind fast immer Amtsträger, Autoritäten, die Machtmissbrauch betreiben; lauter Lehrstunden für den Fernsehzuschauer im Fach „Universell antiautoritäres Bewusstsein".

Anders jetzt, unter Corona. Die allermeisten Bürger sind keine Mediziner, und selbst unter den Medizinern sind die Fachleute für ansteckende Krankheiten eine kleine Gruppe. Mit anderen Worten: Über das momentan Wichtigste in unser aller Leben wissen wir beinahe ausnahmslos nicht Bescheid. Das ist neu und verstörend. Die universelle und habituelle Besserwisserei stößt in Sachen Pandemie rasch an ihre Grenzen. Verkehrsregeln, Steuergesetze, Wirtschaftsverordnungen etc. – da hatte jeder von uns seine fest fundierte Meinung. Beim Thema SARS-CoV-2 aber müssen wir ziemlich bald passen, obwohl eine Infektion mit dem Virus uns wesentlich existenzieller betreffen würde als eine Veränderung des Bußgeldkatalogs für Regelverstöße im Straßenverkehr.

Also ist man allenthalben wieder fein still und spitzt die Ohren, wenn jemand zur Sache redet, der sich als Autorität alter Bauart ausweist, zum Beispiel durch einen Professorentitel der Charité. Politik gilt längst schon als Ansichtssache, und es gibt so viele Ansichten wie Bürger. Aber Corona ist ein definitiv böser Feind, der die Menschheit ausrotten will, nicht wahr? Also tut man gut daran, keine Meinung zu haben, sondern sich hinter diejenigen zu scharen, die am ehesten herauskriegen können, wie der Feind so tickt und wie man ihm am besten beikommen kann. Und diejenigen, das sind jetzt die Epidemiologen.

Ich hatte es mich schon vor Wochen gefragt: Erleben wir eine kleine (und möglicherweise zeitlich begrenzte) Renaissance der Autorität, und ist ihr neues role model der Epidemiologe? Es scheint mir jedenfalls so, als würden Politikerinnen und Politiker momentan vor allem danach bewertet, inwieweit sie sich in ihrem Handeln an wissenschaftlichen Erkenntnissen und Standards orientieren. Es geht jetzt etwas mehr um Ruhe und Gründlichkeit, um Vorsicht in der Einschätzung von Wahrnehmungen, aber auch um Beharrlichkeit bei der Verteidigung dessen, was sich nach vertrauenswürdigen und erprobten Verfahren als unhintergehbare Gewissheit erwiesen hat. Von der aktuellen Politik unter Corona ist damit eine gewisse Portion Dauerwahlkampf, Marketing, Selbstprofilierung, Klienteldenken und Schaumschlägerei abgefallen. Womöglich wird demnächst Kanzler oder Kanzlerin, wer sich am meisten dem Bild der wissenschaftlichen Autorität angenähert hat.

Wie aber steht es nun um die Regeln und Verbote, die bislang aus den Forschungsstätten der Epidemiologie via Politik auf uns gekommen sind? Ich kann nicht für alle sprechen, nur für mich; und da antworte ich: Sie vergrößern meine Sorge. Aber genau das sollen sie wohl auch. Ich will das zu erläutern versuchen.

Eine ansteckende Krankheit, die sich zur Epidemie aufgeschwungen hat, bekämpft man besten, indem man den Leuten verbietet, in Kontakt zu ihren Mitmenschen zu treten. Etwas vereinfacht gesagt: Bliebe definitiv jeder Mensch für sich allein in seinem Zimmer, fielen bald schon alle Viren mangels Opfern tot aus der Luft, und die Epidemie wäre vorbei. In der Praxis aber ist ein solches Verbot unrealistisch. Jeder in seinem Zimmer würde bedeuten: Alle verhungern.

Aufgabe der Epidemiologie ist es also, Regeln zu finden, die bei Aufrechterhaltung der lebenserhaltenden Strukturen den Kontakt von Menschen untereinander so weit wie möglich beschränken. Mit anderen Worten: Epidemiologie ist ein permanentes Herumeiern, oder vornehmer ausgedrückt: „trial and error". Hier mal was lockern, dann gucken, was passiert; dort mal was verbieten, dann gucken, was passiert; mehr testen, dann gucken, was passiert etc. Qua Epidemiologie sind wir alle zu Teilnehmern an einem gigantischen Laborversuch geworden, dessen Ergebnisse permanent revidiert werden.

Als Teilnehmer an diesem Laborversuch erscheint mir persönlich von allen Anti-Corona-Maßnahmen die Maskenpflicht die wirksamste zu sein. Ich meine damit allerdings nicht ihre unmittelbare medizinische Funktion, die von Beginn an kontrovers diskutiert wurde. Ich meine vielmehr die psychologische Wirkung, die von ihr ausgeht.

Schlicht gesagt: Die Maske vergrößert die Sorge. Wohin auch immer ich gehe, ich begegne dort Menschen, die einen Großteil ihres Gesichtes verhüllt haben. Daher kann ich praktisch nirgendwo außer in meinen vier Wänden den Corona-Zustand der Gegenwart ausblenden oder verdrängen. Überall begegnet mir dieses Superzeichen, das die Menschen als Individuen zur Hälfte kaschiert und sie als potentielle Opfer einer allgemeinen Bedrohung verkleidet.

Dieses dauernde Memento Coronae wirkt wie der Tropfen, der den Stein höhlt. Es lässt die Bedrohung in meinem Bewusstsein wachsen und zugleich die Sorge. Und nun der meines Erachtens entscheidende Punkt: Die Masken machen, dass ich Dutzende Male am Tag und womöglich eher unbewusst kleine und kleinste Entscheidungen treffe, die allesamt in Richtung Abstand und Vermeidung gehen. Ohne die Masken würde ich viel öfter vergessen, dass ich Distanz wahren und mich an die Hygieneregeln halten soll. Und sehe ich dann noch neben der Landstraße eine junge Frau auf ihrem Fahrrad, weit entfernt von allen Menschen, aber eine Maske vor ihrem Gesicht, so spüre ich ihre offenbar große Sorge und addiere sie zu der meinen, auf dass sie noch größer werde.

Könnte es also sein, dass alle Corona-Maßnahmen im Grunde so funktionieren wie die Maske: als eine grundsätzliche Veränderung unserer Alltagsinstinkte? Ist es zur Reduzierung der Übertragung vielleicht das Wichtigste, dass wir alle die Nähe ein bisschen mehr fliehen und ein bisschen weniger suchen? Bringt die allgemeine Verringerung von Kontakt bei gleichzeitiger Vergrößerung von Distanz für den großen Laborversuch wichtigere Ergebnisse als die Absage von Bundesliga und Oktoberfest?

Möglich. Ich weiß es nicht genau. Ich dilettiere bloß in Epidemiologie, wie es jetzt viele tun. Eine Laborratte denkt über die Maßnahmen der Leute in den weißen Kitteln nach, während sie durch ihr Labyrinth läuft und auf bunte Tasten drückt. Und ganz ehrlich: Ich wünschte, es wäre schon ausgestanden und ich dürfte wieder ins Freie.

12. Schweigen unter Corona
Ein psychologisches Fallbeispiel (2. August 2020)

Ein Paar im mittleren Alter. Ich nenne sie A und B, denn es geht hier nicht um geschlechtsspezifische Unterschiede. A und B sind seit etwa zwanzig Jahren verheiratet, die einzige Tochter hat kürzlich das Haus verlassen. Beide sind berufstätig. Durch Corona bedingt ist A in Kurzarbeit und seit Wochen zu Hause, praktisch beschäftigungslos. B hat im ehemaligen Kinderzimmer ein Home Office eingerichtet. Beide sorgen sich um die Gesundheit ihrer betagten Eltern; zudem wäre es aufgrund gewisser Vorerkrankungen auch nicht aus der Luft gegriffen, wenn sie sich selbst als Angehörige einer Risikogruppe verstehen würden. Jedenfalls beschränken sie ihre Aufenthalte außerhalb des Hauses auf das absolut Nötige.

A und B waren immer stolz darauf, in ihrer Ehe alles zur Sprache zu bringen. Das war manchmal anstrengend, sehr anstrengend sogar. Womöglich haben sie sich häufiger gestritten als andere Paare, und womöglich waren sie verletzender als unbedingt nötig. Andererseits sind sie noch immer zusammen, und sie selbst führen das ganz wesentlich darauf zurück, dass zwischen ihnen nichts ungesagt geblieben ist und dass sie nie sehr lange mit stummer Wut im Bauch nebeneinander her gelebt haben.

In den letzten Jahren sind A und B morgens zur Arbeit gegangen, um sich abends wieder zu treffen, manchmal nur zu einem kurzen Austausch von Informationen. Es gab also immer Reibungen, doch die Zeit, sie zu erfahren und zu besprechen, war begrenzt im Schnitt vielleicht auf weniger als drei Stunden pro Tag, die Schlafenszeit natürlich nicht mitgerechnet.

Doch jetzt Corona. A und B sind vom Aufwachen bis zum Einschlafen zusammen. Ihr Haus ist nicht klein, jedoch nicht groß genug, um sich nicht dauernd zu begegnen. Also reiben sie sich stärker an den Eigenheiten des anderen, an seinen Marotten oder an der Art, wie er immer schon war. Ich spare mir Aufzählungen und Details. So etwas führt in die falsche Richtung. Kaum hat man „Zahnpastatube" gesagt, rutscht man unaufhaltsam ins Launige. Aber da will ich nicht hin. Hier geht es um ernsthafte Dinge.

A und B geraten unter Druck. Ihre Beziehung ertrug ein Konfliktquantum von, sagen wir, X. Damit kamen sie zurecht; womöglich war es ebenso sehr Belastung wie Treibstoff. Jetzt aber beträgt das Konfliktquantum 3 X, vielleicht sogar 4 X. Man muss kein Physiker sein, um zu verstehen, wie gefährlich das ist. Eine Brücke trägt vier Tonnen Gewicht, sie tut das viele Jahre, ohne dass etwas geschieht, dann fährt ein Sechzehntonner einmal darüber, und sie bricht zusammen. Ich denke, der Vergleich ist sprechend genug.

Der Lockdown beginnt Mitte März. Anfang Mai befindet sich die Ehe von A und B in der Krise, Mitte Juni steht sie so knapp vor dem Aus, dass beide dieses Aus deutlich vor Augen sehen und bereits viel Zeit damit verbringen, sich ihr Leben danach vorzustellen. (Wer bleibt im Haus, wer zieht aus? Wer ist eigentlich wem zu Unterhalt verpflichtet? Was wird aus dem Hund? Usw.)

Da geschieht ein Wunder. – Ach Herrje! Ich wollte, ich könnte den Satz zurücknehmen. Er lässt an alles Mögliche denken, und das Allermeiste davon wäre grundfalsch. Aber es hilft nichts, der Satz ist heraus, also werde ich möglichst schnell konkret: A und B entdecken das Schweigen.

Es geschieht am 16. Juni. Auf den Anlass möchte ich nicht näher eingehen. Das muss ich auch nicht. Jeder kann sich die gereizte Stimmung zwischen A und B vorstellen, denn heute ist ja praktisch jeder ein Corona-, Lockdown- und Home-Office-Experte. Also lassen wir im Dunkeln, ob es sich um einen Fehleinkauf, eine unverschlossene Gartentür oder eine verräumte Sonnenbrille handelt. Alles ist gleich passend bzw. unpassend. Wichtig ist nur: A redet sich in Rage, zieht Parallelen zu anderen Fällen, rollt die Geschichte dieses Falles auf und zielt erbarmungslos aufs Allgemeine, das natürlich ein negatives Allgemeines ist.

Und just in diesem Moment entdeckt B das Schweigen. Statt As Rage zu kritisieren, den Fall zum Einzelfall zu erklären und das negative Allgemeine radikal in Zweifel zu ziehen, sagt B: nichts, verlässt auch nicht den Raum und schafft es irgendwie, dass sein Schweigen weder störrisch noch beleidigt oder ironisch wirkt. A bemerkt das, bringt es aber nicht zur Sprache, warum auch immer. Danach gehen A und B sich aus dem Weg, ohne dass es aussieht, als würden sie sich aus dem Weg gehen. Und schon nach weniger als einer Stunde spüren sie beide, dass der Konflikt sich verflüchtigt hat, im wahrsten Sinne des Wortes, er hat sich aufgelöst und ist verweht wie „Rauch von starken Winden" (Gryphius: Menschliches Elende, 1637). Kurz darauf, ich glaube, noch am selben Tag, probiert es A mit dem Schweigen. Anfangs mag es bloß eine Retourkutsche sein. Aber dann spürt A wieder die geradezu magische Wirkung. Und so geht es fort, ich muss das nicht in Einzelheiten schildern.

Wohlgemerkt, A und B wissen, dass das Schweigen ein Trick ist. Es löst die Probleme nicht, wie sollte es auch? Tatsächlich ist das Schweigen eine Täuschung. Es ist, als würde man eine frisch gewaschene Decke über einen verkratzten Tisch legen. Oder als würde man Salbe auf die aufge-schürfte Haut streichen. (Welches ist das bessere Bild? Darüber muss ich noch nachdenken.) Wie auch immer, jedenfalls gebiert das Schweigen wei-teres Schweigen. Das Konfliktquantum in der Ehe von A und B sinkt. Nicht, dass die Beziehung jetzt gleich stabiler wäre, belastbarer, erfrischt und gestählt. Da wollen wir mal nicht übertreiben! Es fahren halt nur nicht mehr so schwere Laster über die Brücke.

Gegen Ende Juni hat die Beziehung von A und B wieder ihren Vor-Corona-Zustand erreicht. Ihrer beider Gedanken an die Zeit nach dem Ende ihrer Ehe sind ersetzt durch Gedanken an die Zeit nach dem Ende von Corona. As Kurzarbeit dauert leider noch an, aber mittlerweile hilft A einem Verwandten in dessen Gärtnerei; die Arbeit dort ist befriedigender als gedacht, womöglich eine Perspektive. B hat sich damit abgefunden, dass das Home Office womöglich zu einer bleibenden Einrichtung wird.

Mitte Juli kommt die Tochter für zwei Wochen zu Besuch. Ihr altes Kinderzimmer findet sie okkupiert, aber sie richtet sich klaglos in dem winzigen Raum ein, der bislang als Abstellkammer gedient hat. Sie nimmt das gerne in Kauf, denn sie genießt die Atmosphäre im Elternhaus. Würde es nur in ihrer Berliner WG ähnlich entspannt zugehen.

13. Corona-Leugner
Vorschlag für das Unwort des Jahres (9. August 2020)

Was ist eigentlich Sprachkritik? Manche glauben, Sprachkritik sei, wenn man sich über Genitive mit Apostroph im Deutschen lustig mache, wenn man die Verwechslung von den und dem moniere oder die Ausweisung von sogenannten Fremdwörtern fordere. Ich sehe das anders, wenn ich mich an großen Vorbildern wie dem österreichischen Satiriker Karl Kraus orientiere. Für ihn war Sprachkritik die Frage danach, warum bestimmte Begriffe und Formulierungen Karriere machen, warum sie sich gegen die Fülle sprachlicher Alternativen durchsetzen und vor allem: was sie über das Bewusstsein ihrer Sprecher aussagen.

Ich habe zwei kleine Bücher zu diesem Thema geschrieben. Mein Lieblingsbeispiel und Titel eines dieser Bücher ist die Redewendung „gut aufgestellt", die mit höchstgradiger Regelmäßigkeit von Wirtschaftsleuten verwendet wird, wenn sie in schwierigen Zeiten kommunizieren wollen, dass es ihrem Unternehmen gut geht (oder dass es wenigstens noch lebt).

In solch einer (Mode)Phrase sind oft Absichten verborgen, die den Sprechern nicht ganz oder gar nicht bewusst sind. Ich bleibe bei meinem Beispiel: Wer den Ausdruck „gut aufgestellt" benutzt, erschafft damit das Bild einer altmodischen Armee, deren Einheiten irgendwie sinnvoll in dem Gelände verteilt sind, in dem sie den Angriff einer ebenso altmodischen Armee erwarten. Das ist ein unmodernes Bild, aber es „passt", denn tatsächlich versteckt sich dahinter die Sorge, der Gegenwart nicht gewachsen zu sein. Würde man das richtige Wort für die aktuelle (ökonomische) Bedrohung benutzen, dann würde sie womöglich sichtbar werden; also hofft man, sich in alte Bilder von Zinnsoldaten in Sandkästen retten zu können.

Häufig funktioniert das; und Sprachkritik soll dazu dienen, solche Mechanismen der Verschleierung aufzudecken. Probieren Sie es ab jetzt aus: Wenn Sie jemanden sagen hören, sein Unternehmen sei „gut aufgestellt", dann können Sie sicher sein, er befindet sich in der Defensive. Gäbe es einen deutschen Bill Gates, so hätte er den Ausdruck niemals verwendet. Er würde ihn nicht einmal kennen.

Mir geht es heute um das Wort „Corona-Leugner" (auch: „Coronaleugner"). Es dürfte momentan eine der erfolgreichsten, also am weitesten verbreiteten Wortneuschöpfungen sein. Gemeint sind damit Menschen, die grundlegend oder teilweise Kritik an den staatlichen Maßnahmen zur Eindämmung der Pandemie üben. Ihr Spektrum reicht von denen, die Maskenpflicht und Distanzregeln für sinnlos halten oder gar zu ihrer Missachtung aufrufen, bis hin zu denen, die glauben, die Seuche existiere gar nicht, sondern sei eine von Regierungen initiierte mediale Veranstaltung, die der Entmündigung und Unterdrückung der Bevölkerung diene.

Wie ist es nun zu diesem Wort gekommen? Ich bin mir sicher, es ist in Analogie zu „Holocaustleugner/Holocaustleugnung" entstanden, einem Begriff, der durch die Schaffung eines entsprechenden Paragrafen im Strafgesetzbuch ein Bestandteil der juristischen, also offiziellen Sprache geworden ist. Es könnte daher sinnvoll sein, zunächst nach diesem Vorbild zu fragen.

Das Recht auf freie Meinungsäußerung ist eines der wichtigsten Rechte in der Demokratie. Es war also keine Kleinigkeit, als vor über dreißig Jahren der Bundestag ein Gesetz beschloss, nach dem ein Satz wie: „Es hat keine Konzentrationslager gegeben", öffentlich geäußert, mit Geld- oder Gefängnisstrafe belegt wurde.

Denn eigentlich erlaubt hierzulande die gesetzlich verbriefte Meinungsfreiheit, alles Mögliche zu leugnen: dass die Erde eine Kugel ist, dass die Quadratur des Kreises noch nicht gelungen oder dass das Rauchen gesundheitsschädlich ist. Warum also soll man nicht behaupten dürfen, es habe keine Konzentrationslager gegeben? Die Antwort lautet: Weil die Erfahrung gezeigt hat, dass es sich dabei in den allermeisten Fällen nicht um eine Meinungsäußerung, sondern um politische Propaganda zu Gunsten eines faschistischen Systems handelt. Und da auch der demokratische Staat das Recht hat, sich vor denen zu schützen, die ihn vernichten wollen, hat 1994 das Verfassungsgericht das Verbot der Holocaustleugnung als mit dem Grundgesetz vereinbar bestätigt.

Was aber bedeutet das für „Corona-Leugner"? Nun, es rückt diejenigen, die nicht an die Existenz der Seuche glauben, durch den sprachlichen Anklang in die Nähe derer, die ein absolut offenkundiges, vielfach dokumentiertes Jahrhundertverbrechen leugnen. Das ist schon ein starkes Stück.

Oder besser sage ich wohl: Es ist das zweite starke Wort-Stück in kurzer Zeit. Denn zuvor hat bereits das Wort „Klimaleugner" als Kurzform für „Klimawandelleugner" Karriere gemacht, eine Bezeichnung für diejenigen, die nicht glauben, dass es eine von Menschen gemachte und höchst gefährliche globale Erwärmung gibt. Der öffentliche Diskurs ist voll von diesem Wort; als abwertende Bezeichnung wird es gerne und schnell vergeben. Wer etwa „Fridays for Future" für eine Bewegung hysterischer Teenager hält, fängt sich rasch die Bezeichnung Klimaleugner ein.

Nun soll bitte kein Missverständnis entstehen! Ich selbst habe mich von wissenschaftlichen Berichten davon überzeugen lassen, dass es eine globale, von Menschen bewirkte Klimaerwärmung gibt und dass sie gefährlich ist. Und ich bin mir auch sicher, dass die Bilder von Kühllastern, die in New York während der Corona-Pandemie die Funktion von Leichenhallen übernehmen, nicht irgendwelche Fake News sind. Bräuchte ich einen weiteren schlagenden Beweis für die Gefährlichkeit der Krankheit, dann reichte mir bereits der Umstand, dass der amtierende amerikanische Präsident sie herunterspielt.

Trotzdem muss ich Bedenken anmelden. In unserem aktuellen Sprachgebrauch schwingt im Wortteil „-leugner" immer das Abtun der großen Verbrechen des Nazismus mit. Den Mord an Millionen Menschen zu leugnen, deren traurige Lebensgeschichten ausreichend dokumentiert sind, ist ein aggressiver Akt der Geschichtsverfälschung. Dagegen darf über die Frage der Klimaentwicklung durchaus noch gestritten werden. Und ebenso darf es verschiedene Meinungen über die Gefährlichkeit von Corona und die Angemessenheit von Gegenmaßnahmen geben. In einer Demokratie zu leben, heißt auch immer, mit Menschen leben zu müssen, deren Ansichten man nicht teilt. Man mag über sie den Kopf schütteln, sie mögen einen ärgern oder wütend machen; aber ich denke, man sollte sich nicht dazu versteigen, sie als „-leugner" zu diskreditieren.

Das geht mir einfach zu weit. Diskurse müssen ausgetragen werden, auch wenn das langwierig und anstrengend ist. Das ist das Wesen unserer Demokratie. Gegenseitige Verurteilungen, die lautstarke Betonung der eigenen moralischen Überlegenheit und ein aggressives Schubladendenken sind, vorsichtig gesagt, wenig hilfreich. Corona-Leugner aber ist ein Wort, das sich als schnelle und wohlfeile Waffe anbietet, wenn man Andersdenkende nicht überzeugen (oder einfach nur ignorieren), sondern abstempeln will.

Ich erwäge, die Worte Klimaleugner und Corona-Leugner demnächst als Vorschläge zum Unwort des Jahres einzureichen. Wahrscheinlich werden sie nicht in die engere Auswahl kommen, aber sie hätten es „verdient". Denn echte Demokratie erweist sich nicht im schnellen Besserwissen; und auch die Leute mit sehr problematischen Ansichten haben Anspruch auf ein Mindestmaß an Respekt.

14. Schreiben unter Corona
Die Seuche befällt meinen Roman (17. August 2020)

Brötchenholen am Sonntagmorgen. Die Kunden stehen in einer Schlange, die über den Bürgersteig bis zum Nachbarhaus reicht, und sie halten großzügigen Abstand. Die Bäckerei ist umgebaut; man betritt sie wie gewohnt, aber hinaus geht es durch den kleinen Wintergarten, der zuvor als Miniaturbistro gedient hat. Über der Theke sind Plexiglasschilde mit schmalen Durchreichen hochgezogen. Am Boden markieren rote Klebestreifen, inzwischen schon ziemlich abgeschabt, wie man sich zu bewegen und wo genau man zu stehen hat. Die Bäckereiverkäuferinnen tragen Plexiglasvisiere, die Kunden samt und sonders Mund- und Nasenschutz in verschiedenen Varianten.

Ein Bäckereibesuch im Sommer 2020. Ein kleines Beispiel für die Masse der Veränderungen, die über unseren Alltag gekommen sind. Die Pandemie ist omnipräsent, kaum ein Lebensbereich, der nicht betroffen ist. Im Mai durfte ich meine Frau eine Woche lang nicht im Krankenhaus besuchen. Stattdessen spielten wir die Balkonszene aus „Romeo und Julia" in einer leicht absurden Variante nach, meine Frau am Fenster im sechsten Stock des Krankenhauses, ich selbst inmitten einer Baustelle davor, beide unsere Smartphones ans Ohr gedrückt.

Noch immer machen wir unsere täglichen Spaziergänge mit den Hunden. Wenn uns andere Hundehalter begegnen, stupsen die Tiere wie üblich einander die Schnauzen zwischen die Beine, während wir Menschen uns an an die Ränder des Spazierweges drücken und über die distanzlosen Hunde hinweg etwas distanzierte Konversation machen.

Um acht Uhr abends treffen sich meine Frau und ich vor dem Fernseher, um die Corona-Nachrichten zu schauen. Die haben etwas vom täglichen Gottesdienst, denn es geht darin nicht nur um Fakten und Zahlen, sondern auch um die Glaubensbekundungen von Menschen aus Politik, Wissenschaft und öffentlichem Leben und um die ständige Ermahnung, dass wir uns in einer Gemeinschaft von Gleichen befinden. Ob wir gleich vor Gott sind, davon ist nicht die Rede, aber mit gewissen Abstufungen sind wir gleich vor der Seuche. Und stets wird unser aller gemeinsame Hoffnung auf eine Erlösung artikuliert, mag sie „Lockerung" oder in ihrer höchsten Stufe „Impfstoff" heißen.

Mit all dem erzähle ich niemandem etwas Neues. Aber ich brauche diese wenig originelle Ouvertüre, um eine sehr spezielle Frage vorzubereiten, die mich seit Monaten bewegt. Im Januar habe ich einen Roman zu schreiben begonnen, dessen Thema mir schon seit einiger Zeit durch den Kopf geht. Hauptfigur soll ein Mann sein, dessen Berufsleben (erfolgreich, aber unspektakulär) zu Ende geht und der nicht weiß, wie er den letzten Abschnitt seines Lebens gestalten soll. Er fühlt sich immer noch so, wie er sich mit dreißig gefühlt hat; mit Vorstellungen wie „Reife", „Erfahrung", „Gelassenheit des Alters" etc. kann er nichts anfangen. Ihm fehlt ein Konzept, ein (Vor)Bild für die kommenden Jahre. Geradezu kopflos stolpert er in sein Alter, so wie er mit vierzehn ins Erwachsensein gestolpert ist. Nur fehlt ihm jetzt, was ihn damals tröstete, da der Horizont des Lebens nicht in Sichtweite und nur der Himmel die Grenze war. Damals half die Vorstellung von der eigenen Unsterblichkeit über die Verwirrung; jetzt trübt die Gewissheit der Sterblichkeit zusätzlich die Gegenwart.

Ich begann die Arbeit am Text Anfang Januar mit einigem Schwung. Doch dann wurde es problematisch. Ich hatte die Handlung in keiner bestimmten Zeit angesiedelt, der Roman sollte in einer nicht genauer bestimmten Gegenwart spielen. Ich wollte, wenn ich das so sagen darf, ein sozialpsychologisches Phänomen schildern, und dazu brauchte es keine dominante Tagesaktualität.

Doch dann kam Corona. Am Freitag, den 13. März wurde der allgemeine Lockdown angekündigt, kurz darauf trat er in Kraft. Das öffentliche Leben wurde umgebaut, auf den Zustand, den ich oben beschrieben habe und den wir alle mittlerweile zur Genüge kennen. Prompt stellte sich mir die Frage: Was bedeutet das für meinen Roman? Was kann, was soll, was muss ich jetzt tun, wenn ich weiter daran schreiben will? Ich sah drei Möglichkeiten.

Erstens: Ich siedele den Text ausdrücklich in der Vor-Corona-Zeit an. Das würde mich jeder Rücksicht auf die dramatische Veränderung der Zeitläufte entheben. Doch ich wusste sofort: Das war unmöglich; dabei würde ich mir vorkommen, als betriebe ich Drückebergerei. Mehr noch, als würde ich ein Phänomen, das wie kaum ein anderes zuvor in den letzten Jahrzehnten alle Menschen existenziell betrifft, aus meiner Darstellung ausklammern und sie damit unvollständig, wenn nicht sogar defizient machen.

Zweitens: Ich lasse den Roman 2022 oder 2023 spielen, das heißt: nach Entdeckung und Verbreitung eines Impfstoffes. Damit hätte ich die zusätzliche Freiheit, eine womöglich in wesentlichen Teilen veränderte Gesellschaft zu schildern. Allerdings würde ich damit (nach meinem Empfinden) zumindest teilweise ins Genre der Science-Fiction wechseln, in dem ich mich höchstwahrscheinlich sehr unwohl fühlen würde. Ich sah mich schon beim Schreiben von der nagenden Sorge verfolgt, ob meine Konstruktion einer Nach-Corona-Gesellschaft der Wirklichkeit würde standhalten können. Und womöglich würde ich bei meinem Bemühen um die „passenden" Umstände meine Hauptfigur aus dem Blick verlieren.

Möglichkeit Nummer drei lautete: Ich lasse den Roman exakt jetzt spielen. Ich stülpe meiner Figur nicht nur ihre individuelle Lebenskrise, sondern auch die durch Corona hervorgerufene allgemeine Welt- und Bewusstseinskrise über den Kopf. Das hieße natürlich auch: Ich nehme billigend in Kauf, meinen Text zumindest partiell von der Pandemie regieren zu lassen, von ihren Launen, ihren Wendungen und ihren Katastrophen.

Diese Frage treibt mich um. In meinem ganzen Leben hat es keinen dermaßen tiefen Einschnitt in die Alltagsroutinen gegeben. Meine Texte konnten daher wesentlich leichter in einer nicht näher bestimmten Gegenwart spielen, sich leichter von den politischen und sozialen Umständen freimachen oder fernhalten, als Texte das in der ersten Hälfte des zwanzigsten Jahrhunderts konnten, als Krieg und Gewaltherrschaft den Alltag bestimmten. Jetzt aber ist eine skurrile Zeit heraufgezogen. Menschen dürfen sich nicht mehr die Hand geben; Jobs gehen zum Teufel, vielgeliebte Selbstverständlichkeiten wie Fernreise und Verbrennungsmotor geraten auf den Index. Wie verliebt man sich eigentlich unter Corona? Und wie kann, soll oder muss ich mich als Romanautor zu all dem verhalten?

Sollte mein Roman jemals erscheinen, dann wissen Sie, welche Entscheidung ich getroffen habe.

15. Corona ist ein gewaltiger Katalysator
Über die Leere in und die Lehren aus der Pandemie-Krise

Westfälische Nachrichten. 3. Oktober 2020. Interviewer: Johannes Loy
Kaum eine Berufsgruppe ist von der Corona-Krise derart betroffen wie
Künstler, Musiker und Schriftsteller; denn diese sind auf Begegnung, Öffentlichkeit und Publikum angewiesen. Doch sind, um einmal beim Beruf
des Schriftstellers zu bleiben, mit der Corona-Krise nicht auch Chancen
verbunden? Eröffnen sich nicht neue Themenfelder, die es schriftstellerisch zu beackern lohnt? Gab es da nicht immer schon die – freilich auch
romantisierten – Freiräume für kreatives Schaffen in der eigenen Klause?
Darüber und über noch viel grundsätzlichere Themen befragte Johannes
Loy den münsterschen Schriftsteller Burkhard Spinnen.

In der Süddeutschen Zeitung war kürzlich über das Coronajahr 2020 zu le-
sen, dass man angesichts von Virus, Verschwörungstheorien und irren Demos
am liebsten zum 1. Januar 2021 vorspulen möchte. Geht Ihnen das auch so?
Ich hätte fast ja gesagt. Aber man sollte nicht Monate seines Lebens ver-
schlafen wollen, in der Hoffnung, man wacht in einer besseren Welt auf.
Das Leben ist jetzt furchtbar, aber da muss man durch, und zwar mit of-
fenen Augen. Sonst agieren am Ende nur noch die, von denen man es am
wenigsten wünscht.

Was empfinden Sie mit Blick auf die globale Corona-Krise als besonders be-
drängend und bedrückend?
Die Seuche ist eine Art Stresstest für praktisch alle Staaten der Erde. In
diesem Test wird ermittelt, wie gut ihr Gemeinwesen funktioniert, welche
Diskussionskultur sie haben, wie rational und human sie geführt werden.
Oder ob sie überhaupt noch führbar sind! Wir sind momentan sehr auf
uns und unsere enge Umgebung konzentriert, und wir sind stolz auf unsere „Erfolge" gegen Corona. Aber ein Blick ins Ausland zeigt zum Teil
beängstigende Zustände. Und im Zeitalter der Globalisierung können wir
gewiss sein, dass die Probleme der anderen bald auch unsere Probleme
sind.

„Was ist gut an diesem verdammten Jahr?", fragte neulich die Süddeutsche
Zeitung. Die Frage reiche ich gerne an Sie weiter...

Mir ist noch nicht viel Gutes widerfahren oder begegnet. Wenn eine Zunahme von Freundlichkeit und Rücksichtnahme bloß Corona-stimuliert ist, fällt es mir schwer, sie zu feiern.

Nun könnte Lieschen Müller, und vermutlich nicht nur sie, denken, dass es dem Schriftsteller in seiner selbstgewählten Einsamkeit ja eigentlich gut gehen müsse, weil er in seiner Schreib-Klause nun erst recht die Ruhe und Muße für sein Tun findet...

Sorry, Lieschen und andere. Schriftsteller zu sein, bedeutete auch ganz ohne Pandemie schon, für einen Arbeitsalltag zu sorgen, der ein konzentriertes Schreiben möglich macht. Dass in diesem Jahr praktisch alle meine Veranstaltungen ausfallen, bedeutet für mich nicht einen begrüßenswerten Gewinn von Zeit, sondern einen höchst bedauernswerten Verlust. Ich verliere den Kontakt zu Lesern, ich leide unter dem Schwinden der literarischen Kultur, die in Begegnungen und Gesprächen besteht. Ein Mehltau der Ängstlichkeit legt sich über das, was einmal gedankliche Freiheit fördern sollte. Und natürlich erleide ich einen ökonomischen Einbruch.

Sie deuteten an, dass Sie 2019 einen Roman begonnen haben. Wird der sich durch Corona verändern?

Hat er schon. Ich habe mich eine Zeitlang dagegen gewehrt, habe dann aber begriffen, dass ich persönlich nicht in der Lage bin, so zu tun, als gäbe es noch ein „Jetzt" ohne Pandemie. Mein Roman sollte aber „jetzt" spielen, also muss sich mein Held womöglich auch mit Corona herumschlagen. Tut mir leid für ihn.

Wie wird sich Corona generell in der Literatur niederschlagen? Oder ist das eher ein Thema, das man bestenfalls als zusätzliches Spannungselement in einen Krimi einweben kann?

Es ist schwer, eine allgemeine Entwicklung vorherzusagen. Die Kolleginnen und Kollegen werden unterschiedlich reagieren. Aber das Thema hat es in sich. Corona steht auch für die Auswirkungen der Globalisierung, für den Umbau unseres ökonomischen Alltags und für die Einheit und Belastbarkeit unseres Gemeinwesens. Das aber sind Themen, um die Literatur meines Erachtens kaum herumkommt, wenn sie sich für unsere Gegenwart interessiert und sich darin engagieren will.

Gehen wir einmal davon aus, dass Schriftsteller über ein besonderes Sensorium für den Alltag verfügen. Was nehmen Sie bei Ihren Ausflügen an der Peripherie Münsters wahr und wie arbeiten Sie das schriftstellerisch in Ihre Texte ein?

Es sind weniger die Spaziergänge an der Peripherie, aus denen ich lerne. Eher sind es die Besuche auf dem Wochenmarkt und in den Geschäften des Prinzipalmarktes und die Nächte auf der Jüdefelderstraße [eine Kneipenstraße in Münster], dazu die Gespräche mit Freunden und Bekannten und die Stunden im Netz. All das arrangiert sich mehr oder weniger automatisch zu verschiedenen „Haltungen" gegenüber der Pandemie. Diesen Haltungen versuche ich dann Körper und Geschichten zu geben, wie ich es in meiner Textreihe „Pandemiegewinner" getan habe, die auf meiner Webseite nachzulesen ist.

Immer wieder werden in historisch anmutenden Krisen steile Thesen über Lehren für ein künftiges humanes Miteinander der Menschheit aufgestellt. Sie werde etwas lernen, genügsamer sein, gnädiger, wertschätzender gegenüber systemrelevanten Berufen. Was denken Sie?

Ich bin (von Beruf) Skeptiker. Schriftsteller wird man, wenn man zwar Menschenfreund ist, gleichzeitig aber an der Gattung zweifelt. Ich fürchte, wir werden nach Corona (so es ein „nach" geben sollte) genug damit zu tun haben, die Schäden zu beseitigen und die Deiche für die Zukunft höher zu bauen. Sollte das gelingen, wäre ich schon sehr zufrieden. Corona ist – so hoffe ich wenigstens! – keine Sintflut als Strafe für schlechtes Benehmen, nach der ein besseres Menschsein gelobt wird. Es ist eine Seuche, ohne die wir besser dran wären.

Sie sagten im Gespräch, dass sich Geschichte auch durch Corona nicht rückwärts bewegt. Dass sie sich im Gegenteil noch in ihrem Wandel nach vorne beschleunigt. An welchen aktuellen Beobachtungen machen Sie das fest?

Corona ist in der Tat ein gewaltiger Beschleuniger und Katalysator. Momentan sieht es zum Beispiel so aus, als sollte uns ganz eindringlich klargemacht werden, dass die Digitalisierung keine Möglichkeit, keine Option, sondern eine alternativlose Revolution unser aller Leben ist. Nehmen wir den Handel. Corona spielt seiner Digitalisierung enorm in die Karten. Ich befürchte, dass viele Positionen, die hier in kürzester Zeit verloren gehen, nicht zurückgewonnen werden. Auf diese Art und Weise aber erscheint die Digitalisierung weniger als Fortschritt oder Evolution, sondern eher als unwiderruflicher Bruch, den die Seuche flächendeckend beschleunigt und der viele Existenzen ruiniert.

Weltdeuter schwadronieren über Erlebnisebenen zwischen „analog" und „digital". Während die einen das Digitale als willkommenes und vor allem sicheres Ausweich- und Vereinfachungsvehikel sehen, sehnen sich andere wieder zur

Natur zurück, zur Begegnung, zum einfachen Leben am Herd und im Garten.
Wie bewerten Sie solche Alternativen?

Vereinfachungen und Entschleunigungen täten vielfach gut. Aber brauchen wir wirklich eine Pandemie, um den PC auszuschalten, uns einen Hund oder ein Fahrrad zu kaufen (was momentan in großer Zahl passiert!) und dann hinaus in die Natur zu ziehen und das Lob des einfachen Lebens zu singen? Der Preis Corona für ein paar Denkanstöße zur besseren Lebensführung erscheint mir doch sehr hoch. Andererseits ist es sicher nicht falsch, wenn wir kollektiv darüber nachdenken, ob unsere „Selbstverständlichkeiten" (zum Beispiel Frieden, Freiheit, Wohlstand) tatsächlich selbstverständlich sind oder ob wir nicht viel mehr für ihren Erhalt tun müssen.

Es gibt im Leben eines Schriftstellers vermutlich eine langjährige Themenliste,
die bei jedem anstehenden Schreib-Projekt wieder zum Vorschein kommt.
Welche Themen bedrängen den Schriftsteller Burkhard Spinnen und drängen
ihn zugleich immer wieder an den Schreibtisch?

Die ewigen Fragen: Wer sind wir, was tun wir, was sollten wir tun? Wie jeden, der schreibt, interessiert und fordert mich insbesondere die Art und Weise, wie uns unsere Welt in Sprache erscheint bzw. wie wir sie durch Sprache vermitteln. Einen Roman zu schreiben heißt, eine Geschichte zu erzählen; es ist aber auch immer der Versuch, ganz individuelle Erlebnisse und Gefühle überhaupt sagbar zu machen.

Pandemiegewinner 3
Henner, 49, Bistrobetreiber

Hallo Leute, ich bin der Henner. Ich werde im nächsten Januar fünfzig. Gibt bestimmt eine schöne Feier, das heißt wenn es überhaupt eine Feier gibt. Wegen Corona, Sie wissen schon. Na ja.

Also Fünfzig. Das ist bekanntlich der Punkt, an dem die Leute gerne mal so was wie eine Bilanz machen. Von wegen „Hälfte des Lebens". Ich hoffe allerdings inständig, das wird niemand von mir verlangen. Würde auch nicht so ein mitreißender Vortrag werden, etwa in dem Stil: Wie ich von einem Erfolg zum anderen eilte. Nein, das wohl eher nicht. Ich denke, ich werde mich vornehm zurückhalten. Nur ein paar Worte: „Schön, dass ihr alle gekommen seid. Stört euch nicht an mir altem Sack. Das Buffet ist eröffnet." Und wie gesagt: falls es überhaupt eine Feier gibt.

Aber so für mich persönlich, in den stillen Stunden, da denke ich natürlich schon: Wie war das eigentlich alles? Und musste das wirklich so laufen, wie es gelaufen ist? Stille Stunden hat man jetzt ja mehr als genug. Ich glaube, ich habe mich in den letzten Wochen an Sachen erinnert, an die ich zwanzig Jahre nicht mehr gedacht hatte. Einmal hab ich sogar einen Lebenslauf aufgeschrieben. Natürlich nur in Stichworten, auf die Rückseite von einem Masken-Flyer. Das Ergebnis war schon frustrierend. Als ich die Jahre zusammengezählt habe, die praktisch überhaupt nichts gebracht haben, da kam eine stolze Zahl heraus.

Am Anfang hab ich es nämlich ziemlich verbockt. Schule war nicht mein Ding. Hab ich nicht begriffen, warum man Sachen lernen soll, mit denen man später nichts mehr anfangen kann. Abi noch mit Ach und Krach, aber danach ist mir nicht wirklich eingefallen, was ich machen soll. Resultat: Lehramt, schon um meine Eltern zu beruhigen. Englisch und Erdkunde. Ist vielleicht cool, dachte ich. Aber von wegen. Hat mich nicht gepackt, Englisch nicht und Erdkunde noch weniger. Hab nur rumgehangen.

Mit fünfundzwanzig hatte ich dann die Idee, es irgendwie mit Computern zu versuchen. War nicht sonderlich originell, die Idee, aber auf Computerspiele bin ich damals echt abgefahren. Und natürlich dachte ich, ich wüsste, wie man die noch besser macht. Also bin ich paar Jahre lang durch die IT-Branche gesurft. War nicht das Gelbe vom Ei. Als Spieleentwickler wollten sie mich nicht, dazu war ich schon irgendwie zu alt. Am Ende war ich in der Sicherheitsberatung, das wurde ganz gut bezahlt, aber das war echt langweilig. Schließlich habe ich einen eigenen Computerladen aufgemacht, speziell für Gamer. Und was soll ich sagen, das lief eigentlich ganz gut. Leider hatte ich einen Partner, und mit dem lief es überhaupt nicht gut. Wir kriegten einen Mordsstreit über Kohle, und ich konnte am Schluss noch von Glück reden, dass ich ohne Schulden aus der Sache rauskam. Da war ich Mitte dreißig, und von Computern hatte ich endgültig die Nase voll.

Aber es musste Geld her. Und zwar dringend. Ich war damals mit Astrid zusammen, und wir hatten gerade die Franziska bekommen. Ich hab in Kneipen gejobbt, ehrlich! Sonst hätten wir auf dem Trockenen gesessen. Hat mir auch eigentlich Spaß gemacht, brachte aber natürlich nichts. Ja, und dann ist mein Vater gestorben, ich hab ein bisschen was geerbt und hab selbst ein Bistro eröffnet. Sie kennen das ja: Wer nichts wird, wird Wirt. Aber diesmal hab ich Glück gehabt. Der Laden war nämlich in einem Viertel, wo gerade die Gentrifizierung anfing. Praktisch alles Altbauten, seit zig Jahren nicht renoviert, aber jetzt wurden die auf schick gemacht, und es zogen junge Leute ein, die ganz gut verdienten. Die fanden das natürlich cool, gleich um die Ecke in ihrem Kiez einen aufgeschäumten Kaffee und einen trockenen Weißwein zu kriegen. After work hour. Lässig, aber gepflegt. Ich hab es selbst kaum geglaubt, aber das waren die richtig guten Jahre. Der Laden ging wie geschmiert, ich hab noch einen zweiten eröffnet, mit vegetarischen Snacks, und der lief fast noch besser. Und schließlich einen dritten.

Leider bin ich dann ein bisschen übermütig geworden. Wissen Sie, ich dachte, ich kenne jetzt das Viertel, ich weiß, was hier geht und was nicht, also bin ich in zwei kleine Modeläden eingestiegen. Speziell für independent labels. Aber da hab ich mich gründlich verkalkuliert, ich hab das falsch eingeschätzt. Ich hab einfach nicht geglaubt, dass inzwischen so viele Leute fürs Kaufen ins Internet gehen, sogar wenn es um Klamotten geht. Die Läden liefen schlecht, eigentlich sollte ich sagen: grottenschlecht. Ich hab sie dann mit dem Geld, das ich in den Bistros verdient habe, über Wasser gehalten. Und das war ein Fehler. In der Gastronomie merken die Leute ganz schnell, wenn unbedingt Knete gemacht werden muss. Und das mögen die nicht. Für die muss das aussehen, als hätte der Wirt seinen Laden, weil er das gut findet, den ganzen Tag darin abzuhängen. Und als wär's ihm gar nicht wichtig, dass er sich seine Sachen bezahlen lässt. Na ja.

Und dann gab es noch ein anderes Problem. Astrid und ich haben uns getrennt. Will ich nicht drüber reden, wer Schuld hatte. Aber Franziska war gerade dreizehn geworden; und ich sage Ihnen: Die gab mir die Schuld, mir ganz allein, ohne Wenn und Aber. Wir waren zuletzt schon nicht mehr gut miteinander ausgekommen, Pubertät und so, aber dann wurde es richtig schlimm. Ich war im Grunde froh, als Astrid mit ihr nach Hamburg gezogen ist. Obwohl das natürlich wehtut, wenn man seine eigene Tochter nicht mehr sieht.

Und jetzt Corona. Erstmal alles geschlossen, die Modeläden, die Bistros. Ende Gelände. Ich hab diese Kredite beantragt und das Personal nach Hause geschickt, waren ja alle auf vierhundertfünfzig Euro-Jobs. Und dann durfte ich zusehen, wie das geliehene Geld für die laufenden Kosten draufging und kein einziger Cent mehr reinkam. Als die Modeläden wieder öffnen durften, hatten sie gar keine Kunden mehr. Ich hab die Läden sofort liquidiert. In den Bistros haben wir natürlich alles Mögliche gemacht, damit man die Regeln einhalten kann. Aber sogar jetzt, wo es wieder einigermaßen läuft, kommen wir nicht über dreißig Prozent vom alten Umsatz. Und das wird sich so bald nicht ändern. Das ist jedenfalls meine Prophezeiung, bisschen pessimistisch vielleicht, aber ich sage mir: besser so, als dass man sich zu große Hoffnungen macht.

Tja, und was mache ich jetzt den lieben langen Tag? Ich sitze im Bistro, mal in dem, mal in dem. Bei schönem Wetter natürlich draußen, die haben uns ja neuerdings erlaubt, Tische und Stühle auf den Bürgersteig zu stellen. Ich hab meinen Stuhl immer direkt neben der Tür, da nehme ich niemandem den Platz weg und wahre den Mindestabstand. Ist natürlich bitter, den Niedergang des eigenen Unternehmens aus der ersten Reihe zu sehen, aber immer noch besser, als zu Hause rumzusitzen und die Post von der Bank zu sortieren. Manchmal kommt auch einer von den anderen Kaufleuten aus dem Viertel vorbei, dem besorge ich dann einen zweiten Stuhl und wir quatschen ein bisschen darüber, wie es uns gerade an die Substanz geht.

Wissen Sie, eigentlich hätte ich allen Grund, total verzweifelt zu sein. Ich bin schon mit den Mieten im Rückstand. Und wenn die Vermieter mir noch nicht gekündigt haben, dann nur, weil sie jetzt keine Nachmieter finden. Ich kann auch den Unterhalt für Franziska nicht mehr zahlen. Astrid hat sich beschwert, da hab ich ihr gesagt: „Man kann einem nackten

Mann keinen Euro aus der Tasche holen." Das ist eigentlich ein blöder Spruch, aber was stimmt, das stimmt.

Übrigens hätte ich die Bistros gar nicht öffnen können, weil ich die Bedienungen nicht bezahlen kann. Tatsächlich haben wir nur auf, weil ein paar Bekannte von mir eingesprungen sind. Ehrlich gesagt, ohne Bezahlung, nur für die Trinkgelder. Aber zu Hause wäre denen die Decke auf den Kopf gefallen, da ist es immer noch besser, für ein paar Euro unter Leuten zu sein.

Wie gesagt: Eigentlich müsste ich verzweifelt sein. Aber! Wenn Sie mich fragen, ob ich es bin: verzweifelt oder unglücklich – dann muss ich Ihnen sagen: irgendwie nicht.

Schauen Sie, was mache ich? Ich kümmere mich um die Sachen, um die ich mich noch kümmern muss. Ich sitze hier und freue mich, wenn jemand vorbeikommt und ein bisschen mit mir plaudert. Das ist nett, es haben ja jetzt alle viel mehr Zeit. Abends maile ich ein bisschen mit Bekannten von früher. Was die so gemacht haben in den letzten Jahren und wie es ihnen jetzt geht. Man verliert sich ja im Laufe der Zeit aus den Augen, und das ist eigentlich blöd, denn wenn man älter wird, findet man kaum noch neue Freunde. Man sollte sich mehr um die Leute von früher kümmern. Echt. Ich mach das jetzt.

Und Bücher habe ich mir gekauft. In einem Secondhand Buchladen, eine ganze Kiste voll. Wissen Sie, all die Bücher, die ich damals im Studium lesen wollte. Roth, Updike, Auster, Pynchon, habe ich alle nie gelesen. Lesen war immer so was wie Pflicht. Und wer will das schon. Aber jetzt ist das keine Pflicht, sondern meine Rettung. Im Ernst! Wenn ich abends mal nicht einschlafen kann, dann lese ich eben und muss an nichts anderes denken. Manchmal fällt mir das Buch morgens um drei aus der Hand, und dann schlafe ich bis zehn. Ist doch okay, oder?

Nein, ich bin nicht verzweifelt. Obwohl ich es eigentlich sein müsste. Und manchmal frage ich mich: Warum geht's mir eigentlich so gut? Warum laufe ich nicht schreiend über die Straße? Warum betrinke ich mich nicht, warum suche ich keinen Streit mit Fremden? Warum schlafe ich, wenn mir das Buch aus der Hand gefallen ist, so tief und fest? Das passt doch alles nicht zu meiner Lage. Ist das womöglich ein ganz schlechtes Zeichen? Vielleicht kommt so eine Ruhe und Gelassenheit über einen, wenn alles zu Ende geht. Und das wäre ja nun wirklich nicht gut.

Aber vielleicht gibt es auch eine andere Erklärung. Denn mal so gesagt: Mir geht es schlecht, ich bin so gut wie pleite. Aber! Diesmal ist das definitiv nicht meine Schuld. Ich hab ausnahmsweise mal nicht versagt. Ich hab mich nicht verspekuliert, ich war nicht zu impulsiv oder zu unentschlossen oder zu faul. Diese Scheiße ist über mich gekommen wie – wie das Wetter. Und sie ist über alle gekommen. Ich persönlich bin damit nicht gemeint. Und dementsprechend muss ich mir auch nicht anhören, dass die anderen mir Vorwürfe machen. Sogar Astrid macht mich nicht für Covid-19 verantwortlich, und sie hat mich fünfzehn Jahre lang für alles Mögliche verantwortlich gemacht. Nein, wir sitzen jetzt alle in einem Boot. Oder besser gesagt: Wir sitzen jetzt alle in der Ecke der Verlierer. Und wenn wir alle da sitzen, dann muss sich keiner mehr als Verlierer fühlen.

Ach ja, und eins noch. Ich rede jetzt wieder öfter mit Franziska. Vorerst nur am Telefon, klar. Aber stellen Sie sich vor, sie ruft mich jetzt an! Sie mich. Und nicht bloß, weil irgendwas zu klären ist. Sondern einfach so. Um mir zu erzählen, was bei ihr so abgeht. Ich sehe immer schon auf dem Display, wenn sie es ist, und dann gehe ich ran und sage: „Hallo, Franzi, Liebes! Wie schön, dass du mich anrufst. Da hat der Tag doch gleich etwas Gutes." Dann lacht sie und sagt: „Du bist doof." Und ich sage: „Aber nur ein kleines bisschen." Und dann quatschen wir, nicht so unendlich lange, fünf Minuten vielleicht oder zehn, aber einfach nur so, ohne uns zu streiten. Und beim letzten Mal hat sie am Schluss gesagt: „Tschüss Papa, hab dich lieb."

Da hätte ich beinah geweint. Vor Glück. Konnt's mir nur so gerade noch verkneifen.

16. Anne Will
Die Talkshow als Tribunal (27. Oktober 2020)

Normalerweise sehe ich mir das nicht an. Besser sollte ich sagen: Ich meide diese sonntägliche Diskussionsrunde wie die Pest. Ich bewundere die Leute, verstehe sie aber nicht, die sich nach dem heimeligen Kriminal-Kasperletheater des „Tatorts" übergangslos zu Deutschlands Königin der bohrenden Nachfragen begeben. Ich persönlich verkrafte ihn nicht, diesen Geschwindschritt vom folkloristischen Spiel der guten und bösen Marionetten zum politischen Streitgespräch real existierender Führungskräfte. Vielleicht liegt es daran, dass ich die heimliche (oder unheimliche) Ähnlichkeit der beiden Formate nicht erkennen kann – oder will.

Und damit bin ich bei meinem eigentlichen Thema: bei der Moderatorin selbst. Am letzten Sonntag hatte sie zur Diskussion über die sprunghaft ansteigenden Corona-Fallzahlen gebeten. Was ihre Gäste zu sagen hatten, war so vorhersehbar wie Sonnenauf- und -untergang. Die Ministerpräsidenten von Nordrhein-Westfalen und Berlin waren sich über Parteigrenzen hinweg vollkommen einig darin, dass sie einen zweiten Lockdown vermeiden wollen, das aber womöglich gar nicht können, weil nicht sie zu entscheiden haben, sondern das Virus. Eine Fachfrau aus dem Gebiet der Medizin steuerte die Erkenntnis bei, dass die gesamte Menschheit sich momentan einer Bedrohung gegenüber sehe, von der sie immer noch zu wenig wisse. Ein sehr alter FDP-Politiker meldete eine größere Beteiligung demokratischer Instanzen an, wobei ihm die demokratisch gewählten Länderchefs nicht widersprachen, was niemanden überraschen konnte. Eine kleine Überraschung war allenfalls, dass ein praktizierender Philosoph als Joker den Vorschlag einer digitalen Totalüberwachung der Bevölkerung aus dem Ärmel zog, wogegen sich sanfter Widerstand derjenigen erhob, die das Kunststück vollbringen sollen, totale Überwachung und totalen Datenschutz gleichzeitig zu leisten. Schließlich war da noch die Chefin eines Gesundheitsamts, die zu niemandes Erstaunen die Überlastung ihrer Behörde beklagte.

So war ich nach einer Stunde nicht klüger als zuvor, allenfalls war mein Mitleid mit den Politikern noch gewachsen, muss doch deren Job momentan die Hölle sein: eine Spezialhölle für gewählte Entscheidungsträger, in der sie zwischen den einander weitestgehend widersprechenden Forderungen ihrer Wähler zerrieben werden. Und ein bisschen sauer war ich vielleicht noch auf den Philosophen, von dem ich mir etwas anderes erwartet hätte als die Forderung nach einem Chip, wie ihn meine Hunde unter der Haut tragen.

Dennoch konnte ich nicht ohne eine gewisse innere Erregung abschalten. Denn da war ja noch sie selbst, Anne Will. Angesichts der Bedrohung durch eine Pandemie, von der momentan die ganze Welt erfasst wird und die vielleicht auch den Schreiber dieser Zeilen (der zu einer Risikogruppe gehört) auslöschen wird, hielt Frau Will geradezu eisern an der Folklore ihres Genres fest, die darin besteht, den „Mächtigen" sogenannte „unbequeme Fragen" zu stellen und sie möglichst dort zu ertappen, wo sie etwas versäumt, verbockt, missverstanden oder ignoriert haben. Frau Will tat das wie immer mit einer Stimme und einer Körperhaltung, die mir gut zur Direktorin eines Elitegymnasiums zu passen schienen, wenn die sich die einflussreichen Eltern unbotmäßiger Zöglinge vorknöpft. Es ist dies die Haltung einer habituellen Arroganz gegenüber Mächtigen, deren Macht man im Grunde als illegitim betrachtet, ohne das laut sagen zu dürfen.

Ich persönlich fürchte allerdings, dass die Haltung moralischer Überlegenheit, mag sie auch durch Greta Thunbergs „How dare you!" zum Standard geworden sein, bei der Auseinandersetzung über die Pandemie nicht besonders hilfreich ist. Wir sind gerade mit einem Phänomen konfrontiert, das die gesamte Menschheit überfordert. Corona überfordert das Immunsystem des Einzelnen, es überfordert unsere gesellschaftlichen Strukturen, es überfordert den Verwaltungsapparat und die politischen Instanzen. Auf die Gefahr hin, inkorrekt zu formulieren, nenne ich Corona einen Feind, der der Menschheit eine Niederlage nach der anderen zufügt. Nicht auszudenken, was er anrichten würde, wenn er auf eine weniger entwickelte medizinische Abwehr treffen würde. Womöglich würde er die (leider ganz und gar vergessene) Spanische Grippe in seiner Wirkung noch weit übertreffen.

Doch Frau Will bleibt auch angesichts dieser Bedrohung bei ihrer approbierten Haltung des Bürgers als „kritischer Konsument", der „der Politik" (wie man heute sagt) nur mit hochgezogenen Augenbrauen begegnet. „Konnte man nicht vorhersehen?", fragt sie, „Musste man nicht vermeiden?", „Hätte man nicht dafür sorgen müssen?" Denn der Bürger als kritischer Konsument, er hat doch schließlich ein verbrieftes Recht auf den kompletten Schutz vor allem Möglichen, inklusive dem Unvorhersehbaren! Oder etwa nicht?

Ich bitte, mich nicht falsch zu verstehen. Ich will Corona keinesfalls zur Sintflut stilisieren, von einem Gott geschickt, um die Menschheit für ein dringend benötigtes Update herunterzufahren. Aber es sollte meines Erachtens heute im Wesentlichen das Ziel des öffentlichen Diskurses sein, ein möglichst hohes Maß an Solidarität aller Menschen zu befördern. Mit der allumfassenden „Stiftung Warentest-Mentalität", mit dem ewigen Suchen nach Schuldigen (China, Großschlachtereien, die Partyszene in Friedrichshain und natürlich „die Politik") tun wir uns keinen Gefallen. Jeder scheinbare Gewinn an moralischer Überlegenheit wird zu einem beklagenswerten Verlust an Solidarität führen.

Es stimmt, wir werden womöglich allesamt wieder in die Bunker unserer Wohnungen gesperrt, während vergleichsweise wenige Menschen in den Chemielaboren dieser Welt nach einem Heilmittel gegen Corona suchen. Das wird nicht angenehm werden. Aber momentan deutet alles darauf hin, dass Corona mehr ist als „nur" eine schwere Grippe. Und wer bitte will ein „Laissez faire"-Experiment anordnen, eine erzwungene Durchseuchung zur Herstellung einer Herdenimmunität, wenn dadurch unser Gesundheitssystem kollabieren könnte und Abertausende Menschen sterben? Welcher politisch verantwortliche Mensch mit demokratischem Auftrag kann anders handeln als nach dem Prinzip „Safty first"?

Aber ich weiß natürlich, ich werde Anne Will nicht bekehren. Sie wird weiterhin das Haar in der Suppe suchen, und ein leicht arrogantes Lächeln wird um ihre Lippen spielen, wenn sie Sonntagabends um viertel vor zehn „die Politik" dazu bringt, sich zu widersprechen, zu stottern oder schwache Phrasen abzusondern. Aber demnächst wieder ohne mich. Noch einmal bin ich nicht mehr dabei. Schon aus Angst vor einer Ansteckung.

17. „Wie stellen Sie sich das vor?"
Verantwortliche in der Corona-Mangel (1. November 2020)

Im Zweiten Programm des Westdeutschen Rundfunks wird angekündigt, dass am nächsten Montag der Ministerpräsident des Landes Nordrhein-Westfalen, Armin Laschet, eine ganze Stunde lang die Fragen der Hörerinnen und Hörer zum Thema Corona live beantworten wird. Um den Hörerinnen und Hörern Mut zu einem Anruf zu machen, formuliert der Moderator eine solche Frage: Laschet solle sagen, wie er sich denn vorstelle, dass es nach dem Lockdown weitergehen solle? Was zum Beispiel aus Restaurants und Clubs etc. werde, wenn sich die Impfaktion zur massenhaften Immunisierung der Bevölkerung noch bis weit ins nächste Jahr hineinziehe?

Ich gebe zu: Das ist eine der wahrlich drängenden Fragen. Ich hätte auch gerne eine Antwort darauf. Aber mir geht es um etwas anderes, nämlich um den Ton, in dem diese Vorbildfrage gestellt wurde. Die Redewendung „Wie stellen Sie sich vor…?" hat nämlich je nach Betonung zwei ziemlich verschiedene Funktionen.

Man kann damit ganz interessiert und ernsthaft nach den Zukunftsvorstellungen eines Stadtplaners, einer Verkehrsexpertin oder einer Medizinethikerin fragen. Ändert man aber die Betonung, dann eignet sich diese Redewendung zur Einleitung rhetorischer Fragen, bei denen der Fragesteller die Absichten oder die Kompetenzen des Befragten, diplomatisch gesprochen, geringschätzt. Ich erinnere mich noch daran, wie ein Freund seine Eltern bat, ihm ein Schlauchboot zu kaufen. Wie er sich das denn vorstelle?, fragten sie. Doch wollten sie das wirklich wissen? Ich fürchte, nein, denn umgehend teilten sie ihm mit, dass sie ihn keinesfalls damit zum See fahren und dort wieder abholen würden.

Der Moderator im Westdeutschen Rundfunk wählte, als er die Beispielfrage an den Ministerpräsidenten formulierte, eindeutig die zweite Intonierungsvariante: Herr Ministerpräsident, wie stellen Sie sich das denn vor? im Sinne von: Der bescheuerte Lockdown ruiniert die Gastronomie! Begreifen Sie das denn nicht?

Der Ton macht die Musik. Zuletzt habe ich darüber geschrieben, dass der Ton gegenüber denen, die jetzt Entscheidungen zu treffen haben, oft genug vorwurfsvoll bis rüde ist, und das sogar in den Spitzenprodukten des öffentlich-rechtlichen Journalismus, von anderen Foren und Plattformen ganz zu schweigen. Und ich erlebe es auch im privaten Umfeld; manche Menschen reden, ohne Verschwörungstheoretiker zu sein, über die Corona-Maßnahmen wie über vollkommen sinnlose Anordnungen, die von inkompetenten oder gar bösartigen Instanzen erlassen werden. Als sei die Aufforderung zum Maskentragen in der Öffentlichkeit so etwas wie der Befehl des größenwahnsinnigen Landvogtes Gessler, eine Stange mit seinem Hut darauf zu grüßen. (Friedrich Schiller: Wilhelm Tell, 1804)

Woran liegt das? Warum sind viele Leute so aufgebracht und rüde? Ich gebe zwei Antworten.

Die erste: Ein Großteil der Bevölkerung in Westeuropa und in den Vereinigten Staaten hat in seinem Leben keine gravierende kollektive Bedrohung erlebt. Das Leben meiner Großeltern habe ich hier schon geschildert. In den 1890er Jahren geboren, gingen sie durch zwei Weltkriege, durch eine verheerende Grippeepidemie und mindestens zwei Hungersnöte im Anschluss an die Kriege. Heute aber schauen wir (und ich zähle mich explizit dazu) Fernsehserien, die sich minutiös mit der Ausbreitung von Viren und dem Zusammenbruch von Gesellschaft und Kultur befassen, wollen aber partout nicht glauben, dass dergleichen tatsächlich geschehen und uns sogar persönlich betreffen könnte.

Als der Erste Weltkrieg ausbrach, befürchtete der österreichische Satiriker Karl Kraus, dies sei geschehen, weil sich nach dem langen Frieden seit 1871 niemand mehr die Schrecken des Krieges vorstellen könne. Man ziehe wieder wohlgemut und fröhlich auf die Schlachtfelder, weil die kollektive Angst vor dem, was sich dort ereigne, nicht mehr existiere. Ich finde das des Nachdenkens wert.

Die zweite Antwort formuliere ich bewusst vereinfachend: Ein großer Teil der Menschen hier und heute verachtet Autorität, egal, wie sie sich legitimiert. Es gibt in unserer Gesellschaft einen Unterstrom der Anarchie, also der Absage an jede Form von Autorität. Allgegenwärtig ist eine grundsätzlich kritische Haltung denen gegenüber, die es zu sagen haben, seien es Lehrer, Politiker, Wirtschaftsbosse, Schiedsrichter oder Medizinprofessoren jeglichen Geschlechts. Früher war im Krimi immer der Gärtner der Täter, heute sind es Staatsanwälte, Bürgermeister und Polizisten.

Nun gibt es natürlich tausend sehr gute Gründe für eine kritische Aufmerksamkeit gegenüber der Autorität. Man denke nur an ihren Missbrauch in der Kirche, der jetzt allmählich aufgedeckt wird. Oder man denke an die fortgesetzte Umweltzerstörung im Namen der Ökonomie.

Ohne ein allgemeines kritisches Bewusstsein laufen unsere immer komplexer werdenden Staatsgebilde Gefahr, in irgendwelche Katastrophen zu steuern.

Aber ich fürchte auch, dass eine allgegenwärtige und sich verselbstständigende Autoritätskritik, also eine „Anarchie als Folklore", einen höchst unerwünschten Nebeneffekt hat. Es gibt nämlich inzwischen eine Kritik an dieser Kritik, die sich fatalerweise in einer Sehnsucht nach starker Führung äußert. Politiker wie Trump, Johnson, Erdogan, Orban oder Putin gründen ihre Macht auf eine offenbar immer größer werdende Anzahl von Unterstützern, die sich in einer kritiklosen Gefolgschaft gefallen, höchstwahrscheinlich, weil sie sich dort besser und sicherer fühlen als auf der Seite der permanenten Kritik. Auch bei uns werden ähnliche Phänomene sichtbar. So beschwört die Alltagsanarchie das genaue Gegenteil dessen herauf, was sie beabsichtigt, nämlich eine Schwächung des kritischen Bewusstseins.

Corona nun fungiert auch hier als Katalysator, das heißt die Pandemie verstärkt oder befördert die Tendenz zur Alltagsanarchie. „He, Herr Laschet", ruft man aus dem Radio dem Ministerpräsidenten zu, „wie stellen Sie sich das denn vor?", in einem Ton, in dem nichts von der Vorstellung mitschwingt, dass momentan niemand auf der Welt über die Entwicklung der Pandemie vollständig Bescheid weiß. In der rüden Phrase ist kein Hauch der Vorstellung, dass es ähnlich wie die Quadratur des Kreises schwierig bis unmöglich ist, eine Pandemie aufzuhalten, ohne die Freiheit einer Gesellschaft einzuschränken und ihren Reichtum zu schmälern. Ja, mit der Phrase wehrt man sich geradezu gegen die Vorstellung, dass es außerhalb des eigenen Hinterhofes als dem Hort klar abgesteckter Bedürfnisse noch eine höchst komplexe und leider überhaupt nicht vollkommene Welt gibt, in der nur eines sicher ist, und das ist der Tod.

Trotzdem bin ich der guten Hoffnung, dass es zu diesem nöligen und verbretterten Kundenbewusstsein den Widerpart von Solidarität und zur Vorstellungsarmut den Widerpart der Demut gibt, einer Demut, die den Menschen notfalls ertragen lässt, was nicht zu verhindern ist.

18. My Lockdown
Selbstzweifel eines Schriftstellers unter Corona (3. November 2020)

Ich brauche nicht lange, um meine momentane Situation zu beschreiben. Von außen betrachtet hat sich nicht allzu viel verändert, die üblichen Tagesabläufe sind weitgehend gleich geblieben. Aufstehen, Frühstück, Hundespaziergang, PC einschalten, den Text laden, an dem ich gerade arbeite, lesen, was ich zuletzt geschrieben habe, Korrekturen anbringen und dann sehen, ob ich weiß, wie es weitergeht und ob ich das formulieren kann. Praktisch alles wie immer.

Nein, nicht ganz. Es sind alle Veranstaltungen gestrichen, was insbesondere heißt: Mit meinem im August erschienenen dritten Kinderbuch „Fipp, Vanessa und die Koofmichs" bin ich bislang zu keiner einzigen Lesung eingeladen worden. Kein Wunder, denn Lesungen sind entweder verboten, oder meine Gastgeber, Schulen zum Beispiel, haben genug damit zu tun, ihren normalen Betrieb zu organisieren. Das arme Buch, das mir so am Herzen liegt, wie einem immer das jüngste Kind am Herzen liegt, wird womöglich in einem Orkus des Vergessens verschwinden. Das macht mich sehr traurig.

Traurig macht mich auch, wenn mich gelegentlich Leute fragen, ob ich nicht froh darüber bin, von Veranstaltern und Publikum nicht mehr behelligt zu werden. Statt in der Weltgeschichte herumfahren und auf zu harten/weichen Hotelmatratzen schlafen zu müssen, hätte ich doch jetzt alle Zeit der Welt für meine Texte. Ich gebe dann möglichst freundlich formulierte Antworten. Nein, sage ich wahrheitsgemäß, ich schätze den Kontakt mit dem Publikum, ich schätze, ja, ich brauche es geradezu, dass meine Texte vor Zuhörern laut werden; nur so werden sie mir wirklich vertraut, nur so lerne ich selbst aus ihnen. Überdies schätze ich die Gespräche mit meinem Publikum, ganz besonders die mit jungen Zuhörerinnen und Zuhörern, auch wenn sich viele ihrer Fragen wiederholen. Über meine Lesungen in Schulen habe ich vor Jahren ein kleines Buch geschrieben, in dem ich erläutere, warum ich es für so wichtig halte, dass Texte im Unterricht laut werden. (Auswärtslesen. Mit Literatur in die Schule, 2011).

Ach ja, und dann vermisse ich zusammen mit meinen Lesungen auch die Honorare dafür. Das versuche ich allerdings zu verschweigen, obwohl mir das ziemlich schwerfällt. Aber wer will schon gerne bedürftig klingen.

Und dann ist da noch etwas anderes, das in meinem persönlichen Lockdown seine Verwüstungen anrichtet. Es geht, wie soll ich sagen, es geht um die Haltung, die ich meiner eigenen Tätigkeit als Schriftsteller gegenüber einnehme. Oder: Es geht um das Gefühl, mit dem ich tue, was ich tue. Ich denke, jeder irgendwie tätige Mensch hat so ein Gefühl. Es ist zusammengesetzt aus Neigung, Liebe, diversen Erfahrungen und allerlei Überzeugungen. Man findet, was man tut, mehr oder weniger richtig, man findet sich selbst am mehr oder weniger richtigen Ort, bei der mehr oder weniger richtigen Sache.

Ich selbst nun kann zum Glück sagen, dass ich mich immer am richtigen Ort und bei der richtigen Sache gesehen habe, eben bei der Literatur. Mit einem Wort meines akademischen Lehrers habe ich sie stets für einen „notwendigen Luxus" gehalten, also für ein wichtiges, ja, unverzichtbares Medium, in dem sich die Diskussion über entscheidende Fragen des Menschseins vollzieht. Dieses Weltbild ist mir seit dem Beginn meines Studiums vor vierundvierzig Jahren stabil geblieben. Aber jetzt hackt Corona mit Macht darauf herum.

Nun ist es nicht so, dass ich mit dem ersten Lockdown das Schreiben von Literatur und ihr öffentliches Lautwerden urplötzlich als überflüssiges Beiwerk, als Schnickschnack und nicht „systemrelevant" gesehen hätte. Das nun wirklich nicht! Aber seit nunmehr acht Monaten muss ich mitansehen, wie angesichts der Bedrohung durch die Pandemie, und also mit guten Gründen, vieles heruntergefahren, abgesagt und ausgesetzt wird. Und so oft trifft es das, wofür ich stehe.

Ich wiederhole es: Ich verstehe die Maßnahmen, ich unterstütze sie. Aber sie werden allmählich immer schmerzhafter. Es ist wie eine beständige Abfolge leichter Schläge auf immer dieselbe Stelle am Körper. Eine Zeit lang hat sie gar keine Folgen, dann gibt es einen hellroten Fleck, der gleich wieder verschwinden würde, sollten die Schläge aufhören. Aber sie hören nicht auf, und deshalb gibt es einen dunkelroten und später einen blauen Fleck. Und irgendwann wird Blut fließen.

Es ist für jeden Menschen höchst belastend, bei seiner Arbeit durch die Verhältnisse überfordert zu werden. So läuft zum Beispiel das Personal in Krankenhäusern und Pflegeheimen Gefahr, unter den durch Corona immer größer werdenden Aufgaben zusammenzubrechen. Belastend aber ist es auch, wenn sich wie zäher Bodennebel im eigenen Leben die Empfindung ausbreitet, man werde nicht mehr gebraucht, jedenfalls nicht mit dem, woran man ein ganzes Leben gesetzt hat.

In der Ikonographie unseres Nachrichtenalltags stehen jetzt verständlicherweise die Bilder von Intensivstationen in Krankenhäusern an oberster Stelle. Es sind Bilder, in denen für die Schönheit sprachlicher und gedanklicher Tiefe kein Platz ist. Da sind Geräte und Schläuche und Instrumente und natürlich Menschen, die tun, was getan werden muss, um Leben zu erhalten. Es geht auf diesen Bildern um Sein oder nicht Sein, also um die notwendige Voraussetzung für alles andere: für Wohlempfinden, Glück, Liebe und Kunst. Und wo sieht man sich als Maler, als Musiker als Schriftsteller in diesen Nachrichtenbildern? Allenfalls am Rande, und eigentlich gar nicht.

Ich weiß, ich sollte nicht klagen. Ich sollte lieber abwarten. Corona geht vorbei, zumindest ist das einigermaßen wahrscheinlich. Danach werden hoffentlich alle mit umso größerer Begeisterung zurückkehren zu dem, was sie vermisst haben. Alle Konzerte und Ausstellungen und Lesungen werden übervoll sein mit Menschen, die, als es ihnen fehlte, endlich so richtig begriffen haben, was sie lieben und brauchen. Hoffentlich! Jedenfalls sollte ich darauf warten. Und natürlich tue ich das. (Was soll ich auch sonst tun?)

Leider ist das Warten eine vertrackte (Un)Tätigkeit, und wer wartet, bekommt gerne mal Besuch von Gespenstern. Die meinen raunen, so manches werde nach Corona nicht mehr sein, was es bislang war. Mich selbst womöglich inbegriffen. Was soll ich ihnen antworten?

Nun, ich schalte dann den PC an, rufe diesen Text auf, an dem ich gestern gearbeitet habe, lese ihn durch, mache Korrekturen und schaue, ob ich weiß, wie es weitergeht. Und ob ich das formulieren kann.

19. Alles außer Trump
Zur Wahl des amerikanischen Präsidenten (8. November 2020)

Kojak – in den Straßen von Manhattan. Hamburger und Big Mac. Geisterstädte entlang der Eisenbahnlinien. Das Flat Iron Building. Die Polaroid Kamera. Die New York Yankees in der Literatur. John Updike. Konfettiparaden. Das in der Verfassung verbriefte Recht eines jeden Bürgers, nach Glück zu streben. Grand Canyon und Monument Valley. Wilbur und Orville Wright. Die Luftbrücke nach Berlin. Elvis Presley. GIs, die Schokolade verteilen. Apollo 13. Der Sommer 1967 in Berkeley, wie ich ihn mir vorstelle. Steely Dan. Der 1957er Chevrolet Bel Air als zweifarbiges Coupé. Aretha Franklin. Washington Irving. John Maynard. Frank Lloyd Wright. Jackson Pollock. Die Rundfahrtboote zwischen Manhattan und Liberty Island. J.J. Cale. Donuts. Highways und Motels. Die Kabelbahn in San Francisco. Martin Luther King. Das Woodstock Festival. Sonnenuntergänge über der Prärie. Superman. Die New Yorker U-Bahn. Die neue Heimat für Menschen, die in ihrer alten wegen ihrer Hautfarbe, ihrer Religion oder ihren politischen Überzeugungen verfolgt und mit dem Tod bedroht werden. Die Super Constellation. Cajun Music. Gilligan's Island. Die Kennedy-Legende. Jack Kerouac. Der Fänger im Roggen. Der Airstreamer. Donald Duck und Mickey Mouse. Der Traum von der Gleichheit aller Menschen. Kentucky Fried Chicken. Das Hotel New Hampshire. Der Central Park. Edward Hopper. Das Bekenntnis gegen Sklaverei. Der America's Cup für Segelyachten. Buddy Overstreet. Marilyn Monroe. Die Wassertanks, die nur in New York auf den Dächern stehen. Timothy Leary und William S. Burroughs. John Wayne. The Walking Dead. Grease. Quentin Tarantino. Edgar Allan Poe. Der weiße Wal. Demokratie und eine Regierung des Volkes, durch das Volk und für das Volk. Jeans. Mrs Maisel. Philip Roth. Die Constitution im Hafen von Boston. Schirmverkäufer bei Regen in New York. Riesige Weizenfelder. Ponys. Die Blues Brothers. Cape Canaveral. Barbie. Walkman und iPhone. Die Romane, die in New Jersey spielen. Thomas Alva Edison. Las Vegas. The Big Bang Theorie. Soul Food.

Das ist nur ein Bruchteil von dem, was aus den Vereinigten Staaten von Nordamerika stammt und mich in meinem Leben geprägt und geleitet hat. Ich hoffe inständig, von all dem ist jetzt der Fluch der letzten Präsidentschaft getilgt.

20. Konfettiparade
Bald kommt der Impfstoff (15. November 2020)

Ich habe einen einfachen Vorschlag zu machen: mehr Freude, mehr Stolz!

Vor Wochenfrist wurde gemeldet, dass noch in diesem Jahr ein Impfstoff gegen Covid 19 in den Massentest gehen soll, der laut Angaben der Hersteller einen 90-prozentigen Schutz vor der Infektion verspricht, was bedeuten würde, der Schutz wäre erheblich größer als bei den bisherigen Impfstoffen gegen die „normale" Grippe.

Natürlich wurde die Nachricht an prominenter Stelle verbreitet, aber bis heute bin ich über die allgemeine Reaktion ein bisschen verblüfft. Nach meinem Dafürhalten hätten wir eigentlich alle auf den Marktplatz gehört – bzw. auf das digitale Forum –, um uns dort zu gewaltigen Freudenmärschen zu formieren. Konfettiparaden hätte ich auch ganz angemessen gefunden, natürlich mit irgendwie virtuellem Konfetti, wir wollen ja im Schatten der Pandemie nicht den Umweltschutz und den Klimawandel vergessen. Und vielleicht wäre es auch möglich, „Freude, schöner Götterfunken" in Gebärdensprache aus dem Fenster zu schmettern.

Oder überschätze ich den Anlass? Ich denke: Nein! Auf ein zuverlässiges Mittel gegen die großen Seuchen, die die Menschheit erschüttert und dezimiert haben, musste man oftmals Jahrhunderte warten. Im Mittelalter warf die Pest die europäische Kultur um hundert Jahre zurück, und bis zu einer Einsicht in ihre Verbreitung und ein Gegenmittel dauerte es über ein halbes Jahrtausend. Ich könnte die Aufzählung fortsetzen, nenne aber nur noch zwei weitere Namen: Syphilis und Aids. Letzteres brach vor vierzig Jahren aus, und bis heute haben wir es gerade mal geschafft, die Krankheitsfolgen für die Infizierten erheblich abzuschwächen; heilbar ist Aids noch nicht.

Wie anders Covid 19! Etwa vor Jahresfrist ausgebrochen, rasend aggressiv, durch die Globalisierung der Verkehrswege in seiner Pandemie-Potenz erheblich befördert, gefährlich für alte und, wie man jetzt endlich weiß, auch für junge Menschen, sehr geeignet, die Gesundheitssysteme selbst in hoch entwickelten Ländern an den Rand ihrer Leistungsfähigkeit und darüber hinaus zu bringen. Ein Dämpfer, und mehr noch, teilweise ein Killer für die Ökonomie. Ein allgemeiner Depressionsverstärker. Sehr übel.

Aber! Nach nicht einmal einem Jahr kommt die Nachricht von einem vielversprechenden Impfstoff, der aus einer deutschen Firma stammt, die unter anderem von einem türkischstämmigen Wissenschaftlerpaar geleitet wird. Aber sehe ich hygienisch korrekte Konfettiparaden? Höre ich aus all den Wohnungen, in die wir im zweiten Lockdown gesperrt sind, Freudengesänge durch die geschlossenen Fenster auf die Straße dringen? Für die gekaufte Weltmeisterschaft 2006 wurde die deutsche Flagge flächendeckend von allen üblen Assoziationen gereinigt und stolz präsentiert. Sehe ich jetzt Schwarz-Rot-Gold als die heiteren Farben des prospektiven Impfstoffes über Außenspiegel gezogen?

Die Antwort lautet: Nun ja, eher nein.

Aber was ich deutlich sehe, das ist zum Beispiel eine äußerst hochgefahrene Berichterstattung über Menschen, die glauben, Corona sei eine Erfindung der Regierung, und zusammen mit Krawallmachern jeglicher Couleur durch die Straßen ziehen. Ich höre, wie das Geraune von Impfgegnern auf Saallautstärke hochreguliert wird. Ich vernehme skeptische Kommentare darüber, ob und inwiefern die Verteilung der Impfdosen die Bevölkerung spalten und zu bürgerkriegsähnlichen Zuständen (Impfprivilegierte gegen Nichtgeimpfte) führen könnte. Etc. etc.

Ich bin der Letzte, der Skepsis verbieten und Kritik unterdrücken wollte. Aber ich wäre auch nicht gerne der Erste oder gar der Einzige, der zu ein bisschen mehr Enthusiasmus, Freude und – ernsthaft! – Stolz aufruft. Sollte es der medizinischen Wissenschaft gelingen, den Rückschlag, den Corona der Menschheit verpasst, auf ein paar Jahre zu reduzieren, dann hätten wir meines Erachtens, bei allem schuldigen Respekt gegenüber den Opfern, Grund zur Freude. Ich jedenfalls freue mich seit Tagen über und auf den Impfstoff. Und sähe das nicht allzu albern aus, dann würde ich aus diesem Grunde sogar öffentlich hüpfen.

Doch da ich diesen Satz schreibe, der eigentlich der Schlusssatz meines Textes werden sollte, geht mir auf, dass der Mangel an Freude womöglich sein Gutes hat. Freude, das erfahren wir jetzt in der Vorweihnachtszeit besonders drastisch, ist momentan schlecht für die Menschen und gut für Corona. Ein Hüpfer auf der Straße, und die Viren hüpfen mit. Daher fallen wohl weiterhin Fußballtore ohne Jubel und sind daher nur halb so schön, Weihnachten wird womöglich vollends auf einen Kaufrausch im Internet reduziert, und Silvester – darüber will ich gar nicht erst nachdenken.

Corona ist wirklich eine Scheißkrankheit: Sie versaut einem sogar die Freude auf ihr Ende.

Pandemiegewinner 4
Rebekka, 32, Webdesignerin, alleinerziehende Mutter

Hi. Rebekka. Ich bin zweiunddreißig, ich arbeite in einer Agentur als Webdesignerin, ich hab einen Sohn, den Lukas, der ist vier, ich bin alleinerziehend, und jetzt bin ich in der Klapse.

Ja, ich weiß, das heißt anders. Klapse ist abwertend. Vor allem für die Leute, die drin sind. Aber ich sitze jetzt selbst hier drin, und wer selbst drin sitzt, der kann das nennen, wie er will.

Damit wir uns richtig verstehen: Ich bin freiwillig hier. Die haben mich nicht abgeholt, weil ich Sachen aus dem Fenster geschmissen oder irgendwas von kleinen grünen Männchen erzählt habe. Das nun wirklich nicht. Ich hab mich selbst eingewiesen. Das ist kein Problem, man muss nur wissen, wie man's macht. Und wie man's macht, das steht natürlich im Internet. Man geht einfach hin zu der Klapse, am besten mitten in der Nacht, meldet sich an der Rezeption, und dann sagt man: „Wenn jetzt nicht einer kommt und auf mich aufpasst, dann weiß ich nicht, was ich mit mir mache." Man muss gar nicht in die Details gehen. Die Regel ist: Die dürfen niemanden wegschicken, der von sich sagt, er sei selbstmordgefährdet. Was ja auch vollkommen richtig ist. Finde ich jedenfalls.

Ja, ich weiß. Sie haben jetzt einen Verdacht. (lacht) Sie denken: Die ist gar nicht selbstmordgefährdet, die behauptet das nur. Das denken Sie, weil ich jetzt so locker davon erzähle. Sie denken das, weil Sie glauben, Selbstmordgefährdete würde man auf den ersten Blick erkennen. Die haben wirre Haare und einen irren Blick, sie fuchteln die ganze Zeit mit den Händen und reden nur vollkommen unzusammenhängendes Zeug. Wenn sie nicht schon auf dem Boden liegen und um sich schlagen. Oder sie sitzen stumpf in der Ecke, gucken Löcher in die Luft und kriegen vor lauter Depressionen den Mund nicht auf.

Das ist in der Tat eine sehr verbreitete Ansicht. Und man hat sich ja auch allgemein darauf geeinigt, dass Leute, die Selbstmord begehen oder es wenigstens versuchen, allesamt krank im Kopf sind. Selbstmord zu begehen oder nur dran zu denken, das ist eine Krankheit. Basta. Damit muss man in Therapie, da kriegt man Medikamente, und dann geht es hoffentlich wieder weg. So wie eine Grippe. Darauf haben sich alle geeinigt, die

Angehörigen, die Ärzte, die Therapeuten, die Krankenkassen und die Klapsen.

Aber jetzt passen Sie mal auf: Früher war das anders. Ich hab mich informiert. Früher gab es den kranken Selbstmord und den Bilanzselbstmord. Und der Bilanzselbstmord wurde richtiggehend anerkannt und respektiert.

Sie wissen nicht, was das ist? Ich erkläre es Ihnen. Bilanzselbstmord, das ist – oder war, wenn Leute sich ganz in Ruhe hingesetzt und drüber nachgedacht hatten, ob es mit ihnen überhaupt weitergehen konnte. Und sollte. Sie hatten irgendwas verbrochen, und alle Welt zeigte mit Fingern auf sie, was sie nicht ertragen konnten. Oder sie hatten ihr ganzes Geld verloren, was nun auch schwer zu ertragen ist. Wie auch immer. Diese Leute machten dann einen Strich unter ihr Leben, zählten alles zusammen, und wenn die Summe sehr deutlich unter Null lag, dann schossen sie sich eine Kugel in den Kopf oder gingen ins Wasser. Das war der Bilanzselbstmord, und dazu hieß es damals: „Traurig, traurig, aber auch sehr verständlich." Und keiner kam auf die Idee, zu sagen: „Ach, die armen kranken Menschen. Wären sie nur rechtzeitig zum Arzt gegangen."

Aber, aufgepasst!, der Bilanzselbstmord ist abgeschafft. Der gilt nicht mehr. Zum Glück, jedenfalls für mich. Denn seitdem der nicht mehr gilt, muss man sich um jeden kümmern, der sagt, er würde sich was antun, egal warum. Weil derjenige nämlich krank ist, egal wie tief er objektiv in der Scheiße steckt.

Was ich Ihnen jetzt sage, dass dürfen Sie nicht weitersagen: Aber wenn ich mir vorgestern was angetan hätte, dann wäre das ein lupenreiner altmodischer Bilanzselbstmord gewesen. Strich unter das Leben, alles zusammen gezählt, Ergebnis: fett im Minus. Und dann die Konsequenzen gezogen.

Glauben Sie mir nicht? Möchten Sie meine Bilanz mal hören? Mit dem größten Vergnügen. Mein Leben krieg ich zwar nicht mehr auf die Reihe, aber die Bilanz, die kann ich Ihnen ganz sauber vorlegen. Ich weiß, das klingt verrückt. Ist es aber nicht. Kein Stück.

Also, erstmal: alleinerziehend. Das ist Stress. Das ist Stress ohne Ende. 3600 Minuten hat der Tag, und jede dieser scheiß 3600 Minuten muss exakt geplant werden. Denn da gibt's keinen, der wartet, wenn man zu spät kommt, oder der sagt: „Lass nur, ich mach schon", wenn man irgendwas verpeilt hat, und erst recht keinen, der sagt: „Du siehst aber müde aus.

Leg dich hin, ich regel erstmal alles für dich." Gibt's nicht für alleinerziehend.

Alleinerziehend mit so einem Kleinen, das ist wie im Zirkus, wo Leute über ein Seil gehen und dabei mit irgendwas jonglieren oder sich einen Kaffee machen oder mit ihrer Mutter telefonieren oder alles gleichzeitig. So ist das. Alles genau aufeinander abgestimmt, und wenn irgendeine kleine Bewegung falsch ist, irgendein Griff daneben geht, Plumps, fällst du runter vom Seil. Und von wegen Netz! Statt einem Netz sind da Leute, die einem so Sätze sagen wie:

„Frau Möller, ich kann das kein einziges Mal mehr tolerieren, dass Sie sich beim Abholen vom Lukas um mehr als fünfzehn Minuten verspäten." Das ist die Kindergärtnerin, über die ich niemals ein böses Wort verlieren würde.

„Frau Möller, wir haben nun mal feste Arbeitszeiten, und wenn jeder, dessen Kind morgens hustet, nicht zur Arbeit kommt, dann müssten wir den Laden zumachen. Dafür haben sie doch Verständnis, oder?" Das ist meine Chefin, eine sehr anständige Frau.

„Frau Möller, wir geben uns die allergrößte Mühe, unsere Termine so zu vergeben, dass keiner lange warten muss. Aber da müssen die Patienten auch mitspielen. Und wer mehr als dreißig Minuten zu spät ist, der verliert seinen Termin." Das ist die nette Sprechstundenhilfe beim Kinderarzt.

Ich weiß, die haben es nicht auf mich abgesehen. Die machen nur ihren Job. Aber eine Hilfe sind die nicht. Keine Hilfe, wenn Lukas hustet, wenn ich in einem blöden Stau stehe, wenn ich irgendeine bescheuerte Kleinigkeit vergessen habe und noch mal durch die halbe Stadt muss. Echt keine Hilfe.

Ich weiß überhaupt nicht mehr, wie man das schreibt: Hilfe.

Sascha, das ist der Vater von Lukas, der war schon mal so gar keine Hilfe. Der hat bei Lukas' Geburt eine Sinnkrise gekriegt. Und Leute mit Sinnkrise wissen einfach nicht mehr so richtig, wo man mal anpacken muss, wo man mal was alleine machen muss, wie man anderen unter die Arme greift. Ich will jetzt nicht sagen, dass es leichter wurde, als Sascha auszog. Aber ich hatte ehrlich gesagt auch nicht das Gefühl, dass es schwerer wurde.

Und dann meine sogenannten besten Freundinnen, Sophie und Nora. Die haben auch Kinder, aber die sind nicht alleinerziehend. Nora arbeitet nicht mal. Aber glaub bloß keiner, Mütter, die einen Mann haben oder nicht arbeiten, hätten sehr viel mehr Zeit als alleinerziehende Mütter. Ich weiß nicht so genau, warum das so ist. Ich denk mal, das ist ein ungelöstes physikalisches Rätsel. So eine Art Relativitätstheorie, nur schwieriger. Jedenfalls ist mein Tag pickepacke voll, wenn ich drei Stunden Zeit für alles habe, und deren Tag ist auch pickepacke voll, wenn sie acht Stunden Zeit für alles haben. Kann sein, dass deren Stunden irgendwie kürzer sind als meine, keine Ahnung, jedenfalls kann man anderen nicht so gut helfen, wenn man selbst keine Zeit hat. Ist nun mal so. Und darunter soll die Freundschaft ja auch nicht leiden.

Zum Glück hat man schließlich noch Eltern. Obwohl das nicht so prickelnd ist, wenn man mit neunundzwanzig nach Hause geht und sagt: „Mama, Papa, das mit dem Rebekka-kann-jetzt-alles-alleine hat nicht so hundertprozentig geklappt. Könntet ihr bitte jeden Dienstag- und Donnerstagnachmittag auf Lukas aufpassen, damit ich meinen Job behalten kann? Ja? Das wär echt toll von euch! Super! Vielen, vielen Dank! Und außerdem hat der Lukas gerade Fieber und kann nicht in die Kita. Ich lass ihn gleich mal hier, mitsamt seinen Tabletten, alle zwei Stunden eine, und wenn er nach mir fragt, sagt ihm: Mami hat ihn ganz doll lieb."

Das war ein schwerer Gang. Ich hab ihn natürlich trotzdem gemacht. Was blieb mir auch anderes übrig? Ja, keine Frage, meine Eltern helfen mir sehr. Absolut. Aber ich bezahle auch für die Hilfe. Nicht mit Geld, das nicht. Aber mit dem stumm ergebenden Anhören von endlosen Vorträgen über Kindererziehung.

Wissen Sie, ich war das Nesthäkchen zu Hause. Meine Eltern sind beide schon in Rente. Früher ging das mit uns Kindern so eher Hoppla Hopp, aber jetzt haben meine Eltern alle Zeit der Welt, um sich mit Lukas zu beschäftigen. Mein einer älterer Bruder ist ausgewandert, der andere lebt in Süddeutschland. Enkelkinder: nada. Also holen meine Eltern bei Lukas alles nach, was sie in ihrem Leben an Pädagogik versäumt haben.

Und ich kann dazu nichts sagen. Nichts. Kein einziges Wort. Ich bin dermaßen darauf angewiesen, dass sie auf Lukas aufpassen, dass ich es mir nicht mit ihnen verderben darf. Also sitze ich da wie eine leicht unterbelichtete 14-Jährige und höre mir an, was ich als Mutter so alles falsch mache und wie ich es richtig machen muss. „Ja, Mama", sage ich dann. „Ja, Papa". Und wenn wir im Wagen sind, Lukas und ich, dann möchte ich schreien, aber das darf ich natürlich nicht. Lukas würde das nicht verstehen. Übrigens ist er ziemlich gerne bei Opa und Oma.

Hab ich eigentlich schon über Geld gesprochen? Nein, wie denn auch. Man kann nicht über Sachen sprechen, die man nicht kennt. Tschuldigung, blöder Kalauer. Stimmt ja auch gar nicht. Was stimmt, das ist, dass es knapp ist. Sehr knapp, super knapp. Sascha und ich waren nicht verheiratet. Er zahlt, aber viel ist das nicht. Und eine halbe Stelle bringt erstaunlicherweise deutlich weniger als eine ganze. Mehr will ich dazu gar nicht sagen.

Ja, das war's im Großen und Ganzen. Und jetzt kommt meine Bilanz. Die Bilanz lautete bis vorgestern: Minus, dickes Minus. Alles funktionierte so gerade eben, meistens. Und wenn es nicht funktionierte, war gleich die Hölle los. Aber! In anderthalb Jahren kommt Lukas in die Grundschule. Eine mit Übertagbetreuung, der Platz ist uns sicher. Das ist ein silbernes Plus am Horizont. Dann werde ich zwei freie Nachmittage pro Woche haben, und entweder erhöhe ich meine Stundenzahl im Job oder ich mache Yoga oder, halten Sie sich fest, ich lerne jemanden kennen, der mich mag, trotz Lukas. Oder vielleicht sogar wegen Lukas. Diese Hoffnung hat die Bilanz gehoben. Wenigstens bis rauf auf die Null. Die schwarze Null.

Aber dann Corona. 13. März. Freitag der 13. (lacht) Absolute Katastrophe Teil 1: Lockdown, und die Kita schließt. Teil 2: Meine Eltern steigen aus der Betreuung aus, weil mein Vater Risikogruppe ist. Oder sich dafür hält. Hat bis Mitte Fünfzig geraucht und hatte mal eine leichte Lungenembolie. Jetzt hat er eine schwere Panik und muss selbst betreut werden. Von meiner Mutter.

Und ich? Ich hab nur dagestanden und mich gefragt: Wie jetzt? Wie soll das jetzt gehen? Ich war nicht systemrelevant, für mich gab's keine Ausnahme in der Kita, und meine Freundinnen hatten null Interesse daran, Kinderbetreuung zu machen, klar, wegen Ansteckungsgefahr. Ich hätte Lukas mit zur Arbeit nehmen müssen. Aber noch bevor ich darüber nachdenken konnte, haben sie unsere Agentur runtergefahren. Und weil ich vom Status her Freelancerin bin, war ich erst mal raus. Toll, da war das Betreuungsproblem gelöst, aber ich hatte keine Arbeit mehr. Und als ich dann dachte: Na gut, das geht jetzt einfach nicht anders, da ruft die Agentur an und sagt: Kommando zurück! Wir haben einen fetten Auftrag vom Gesundheitsministerium. Corona-Kampagne. Alle Mann wieder an Bord, aber nur fulltime. Wer nicht fulltime kann, bleibt draußen. Und ich denke: Auch okay, dann verdiene ich halt Kohle ohne Ende und kaufe mir dafür Betreuung für Lukas.

Aber der schöne Plan hat leider nicht funktioniert, jedenfalls nicht so richtig. Ich dachte anfangs, jetzt laufen doch ein paar Millionen Oberstufenschülerinnen rum, die nicht wissen, was sie mit ihrer Zeit anfangen sollen. Davon kann doch sicher eine auf Lukas aufpassen. War aber anders. Ich glaube, Schüler, die nicht mehr zur Schule gehen müssen, haben mehr zu tun, als wenn sie hin müssen. Es war das nackte Grauen. Immer, wenn ich eine hatte, hatte ich sie für zwei Tage, höchstens drei. Und während der Zeit rief sie dauernd an, ob ich nicht schon um vier kommen könnte oder ob sie Lukas zu irgendeiner Charlotte bringen könnte, wo ich ihn dann abholen sollte. Und ich hab immer brav mitgemacht. Was sollte ich auch anders tun? Die hatten mich doch in der Hand. Die hatten ja Lukas als Geisel.

Drei Wochen ging das so, dann kam in der Agentur eine Rundmail an alle Mitarbeiter. Wegen der dramatisch veränderten Lage, bla, bla, bla – jedenfalls fusionieren wir mit einer anderen Agentur und ziehen auch gleich zu denen, Synergie-Effekte nutzen, Kosten reduzieren, in schwierigen Zeiten beweglich bleiben und so weiter. Ich dachte: Hölle! Du bist wieder raus. Aber dann ging's am Ende nur darum, dass ich nicht zweimal am Tag eine halbe Stunde Fahrt zur Arbeit hatte, sondern zweimal am Tag anderthalb Stunden. Da kann man unter normalen Umständen vielleicht noch von Glück sagen, aber bei mir brach sofort die ganze wackelige Betreuungskiste zusammen.

Und weil man bekanntlich immer dann, wenn man sowieso schon nicht gut drauf ist, noch eins übergezogen kriegt, war meine Mutter auf der Mailbox. „Hallo, Becki, der Papa hat jetzt so eine Angst, sich anzustecken, der will nicht mehr, dass ich die Wohnung verlasse. Schau mal, wir haben immer so schön auf den Lukas aufgepasst. Jetzt kannst du dich mal revanchieren. Ich hab schon eine Liste gemacht. Einkaufen, Apotheke, Reinigung. Ist eine ganze Menge, aber das schaffst du schon. Danke dafür. Bist auch meine Allerliebste." Das war natürlich der Hammer. Aber ich sag Ihnen was: Ich hab das auch noch irgendwie hingekriegt.

Doch dann ist was passiert, und plötzlich war die schwarze Null weg, und stattdessen stand da eine fette, dicke, rote Zahl. Vor zwei Tagen war das, abends spät. Da fällt mir ein, dass ich die Blutdruckmedis für meinen Vater vergessen habe. Also suche ich die Adresse von der Bereitschaftsapotheke, fahre durch die halbe Stadt und stehe an so einer Gegensprechanlage. Und der Apotheker am anderen Ende sagt: „Das Rezept haben Sie doch sicher schon länger. Die Bereitschaft ist nur für Notfälle." Und ich fange an zu bitten und zu betteln, von wegen: nur das eine Mal, und mein Vater braucht die Medis. Wahrscheinlich bin ich auch ein bisschen laut. Da kommen ein paar Typen vorbei, und einer sagt zu mir: „He Alte, zieh gefälligst ne Maske an, wenn du hier rumspuckst wie so'n Lama."

Und dann war sie da, die fette, rote Zahl. Ich hab sie deutlich gesehen. Und ich war nicht mal richtig verzweifelt. Ich hab mir nur gesagt: So geht das nicht. So geht das nicht weiter. Deine Bilanz ist im Keller. Mach was! Und dann hab ich mich ins Auto gesetzt, bin zu der Klappse hier gefahren und hab meinen Spruch aufgesagt.

Das war übrigens nicht vorgestern. Ich korrigiere mich. Das ist schon länger her. Vier Tage, glaube ich. Die geben mir was, davon kann ich wahnsinnig gut schlafen. Also schlafe ich auch die meiste Zeit. Um Lukas soll ich mir keine Sorgen machen, haben sie gesagt. Der ist in so einer Art Kurzzeitbetreuung, und ich soll jetzt nur an mich denken.

Ich soll nur an mich denken! – Ich weiß, das ist so ein abgelutschter Wellness-Satz. Aber ehrlich: Ich weiß nicht, wann zuletzt jemand diesen Satz zu mir gesagt hat. Das ist Jahre her, viele Jahre. Und der Satz mag noch so bescheuert sein, ich hör ihn einfach gerne. Das ist ein Satz, den kann ich nicht oft genug hören. – Ja, und deshalb bleib ich auch noch ein bisschen hier. Ein paar Tage vielleicht, mehr nicht. Oder mal sehen. Tut mir sicher gut. (lacht) Jedenfalls: Danke, Corona. Good job.

21. Nicht wirklich lustig
Im Flachland der Corona-Satire (23. November 2020)

Künstlerinnen und Künstlern aus jedem Metier geht es momentan an die Existenz. Dieser Umstand und ein Wille zur Solidarität innerhalb der Zunft machen es mir schwer, das Folgende zu sagen. Aber ich muss es tun, sonst besteht die Gefahr, dass ich mir an einer mehrmals täglich heruntergeschluckten Kritik den Magen verderbe.

Liebe Leute von der Abteilung Kabarett und Comedy! Ja – die momentan von den Verantwortlichen erlassenen, zurückgenommenen, dann wieder erlassenen sowie ständig modifizierten Corona-Regeln sind durchaus ein Anlass zur Satire. Nein, ich sage besser: Sie drängen sich der Satire mit Nachdruck auf. „Nimm mich!", schreien sie und hämmern lautstark an die Klausen und Stübchen, in denen momentan viele Bühnenkünstler ihren Hausarrest absitzen.

Aber betrachtet man nicht Menschen und Dinge, die sich einem derart impertinent aufdrängen, eher skeptisch? Zumal, wenn man bereits Skeptiker von Beruf ist? Sollten nicht Witze, die unbedingt gemacht werden wollen, lieber unterdrückt werden? Und um noch etwas philosophischer zu werden: Geht es dem Skeptizismus und der Kritik nicht im Wesentlichen ums Selbstdenken; und ist das Selbstdenken nicht in ernsthafter Gefahr, wenn man jeden satirischen Steil- oder Flachpass unbedingt annehmen und zum Witz verwandeln will?

Doch genau das geschieht momentan. Wenn ich ganz leise bin, höre ich, wie überall in der Republik Travestien, Verballhornungen, Übersteigerungen und satirische Verzerrungen der jeweils neuesten Corona-Regeln erdacht, verfasst und gedruckt oder eingesprochen und ausgesendet werden. Mal sind sie mehr lustig, mal mehr verbissen, und oft genug liefern sie nicht nur Freunden des Humors, sondern auch den Leuten mit den Aluhüten gefälliges Material.

Mich allerdings macht diese laut vor sich hin ratternde Serienproduktion von Corona-Satiren zutiefst traurig. Mir kommt sie vor wie eine große Energieverschwendung. Ich sehe vor mir einen breiten, kraftvollen Fluss, der sich, der Schwerkraft gehorchend, in einen Wasserfall stürzt und es dabei versäumt, in einer Turbine nutzbare Energie zu erzeugen. Ähnlich folgt momentan ein großes Maß an satirischer Energie der Schwerkraft des

„irgendwie-Lustigen" an den Corona-Regeln, statt Witz und Verstand dorthin zu richten, wo wir sie in der allgemeinen Depression der Pandemie besser brauchen könnten.

Lachen ist wichtig. Lachen ist gesund, und an Gesundheit gebricht es uns momentan, besonders an mentaler Gesundheit; daher können wir jede Unterstützung im Sinne einer Aufheiterung brauchen. Aber es ist in meinen Augen und Ohren nicht der beste Weg, einem blöden Virus mit wohlfeilen Witzen zu begegnen und damit – absichtlich oder unabsichtlich – an der Materialschlacht über den Stammtischen teilzunehmen.

Ja, ich weiß. Die Satire darf alles. Da beißt die Maus keinen Faden ab. Im Zweifelsfalle für den Narr, den Schalk, den Hanswurst. Die Satire darf alles. Nur eines darf sie bitte nicht: flach sein.

22. Weihnachten dereinst
Eine sanfte Prophetie (1. Dezember 2020)

Es ist der 25. Dezember 2035, kurz vor der sogenannten Altbescherung. So nennen die vier Enkelinnen und Enkel des Schriftstellers S. den rituellen Weihnachtsbesuch bei ihren Großeltern. Letztes Jahr war es nicht dazu gekommen, weil die Söhne von S. mitsamt ihren Familien in irgendwelchen Ländern weit weg weilten und eine Reise über die Feiertage ein bisschen arg ins Geld gegangen wäre. Das war nur zu verständlich. Dennoch zählen S. und seine Frau seitdem die Altbescherungen, die ihnen hoffentlich noch bevorstehen. Es gibt eine pessimistische Rechnung, deren Ergebnis sie nie laut aussprechen, und eine optimistische, an deren Ergebnis sie sich festhalten.

Die vier Enkel warten, wie sie es schon als ganz kleine Kinder getan haben, im Arbeitszimmer des Großvaters, wo sie ihre provisorische Bleibe aufgeschlagen haben und wo es mehr nach dem Basislager einer Mount Everest Besteigung als nach einem Familienbesuch aussieht. Miranda, dreizehn und damit die älteste der vier, hat lange orangerote Haare, die ihr in kleinen Locken über die Schultern fallen. Wären nicht einige wenige Sommersprossen über ihre leicht gebogene Nase verteilt, könnte man sie für eine lebensgroße und unbezahlbare Porzellanpuppe halten.

„Er wird es wieder tun", sagt sie.

Die drei Jungs, ihr jüngerer Bruder und ihre beiden Cousins, verdrehen asynchron die Augen. „Hä?", sagen sie, beinahe im Chor.

„Er wird wieder die alte Horrorgeschichte erzählen, ihr Hirnis!" Nicht ganz passend zu ihrem engelsgleichen Aussehen hat Miranda bisweilen etwas Unleidliches an sich. Geduld und Nachsicht sind auch nicht ihre Stärken.

„Ich kann's schon hören", sagt sie, und dann bemüht sie sich, nicht ganz ohne Erfolg, den Tonfall ihres Großvaters nachzuahmen. „Kinder, ich muss euch mal von dem schrecklichen Weihnachten 2020 erzählen. Ho ho ho, ob ihr's glaubt oder nicht: Damals ist Weihnachten so gut wie ausgefallen. Keine Weihnachtsmärkte, alle Geschäfte geschlossen, und ein jeder saß einsam unter seinem traurigen Baum und telefonierte mit seinen Lieben, die er nicht sehen durfte. Das war eine schwere Zeit."

„Die große" – „Corona" – „Pandemie", sagen der Bruder und die Cousins im Stil von Tick, Trick und Track.

„Genau." Miranda steht auf und wölbt sich in der Mitte etwas vor, um Großvaters Bauch zu simulieren, was ihr nun aber gar nicht gelingt. Vielmehr sieht sie aus wie ein lebendiges Fragezeichen, zumindest von der Seite betrachtet. Und wieder im Bass: „Wer das erlebt hat, der wird sich ewig dran erinnern. Wie haben Oma und ich um eure Papas gefürchtet, die damals im wilden Berlin lebten, umzingelt von Querdenkern und ständig von der Infektion durch gewissenlose Huster und Nieser bedroht."

„Querdenker?", sagen die drei wieder im Chor. „Wer waren noch mal die Querdenker?"

Miranda verdreht die Augen, was sie endgültig aussehen lässt wie eine Porzellanpuppe. „Hört ihr denn gar nicht zu, wenn Opa erzählt? Die Querdenker! Das sind doch seine Lieblingsschurken. Und am Schluss kommt dann immer: Opa an vorderster Front bei der Bekämpfung der Weltseuche. Opa als freiwilliger Impfhelfer, wie er tagelang im Schweiße seines Angesichtes Impfpässe ausstellt und abstempelt. Nicht zu vergessen, wie er verzweifelte Menschen tröstet, die nicht drangekommen sind und am nächsten Tag wiederkommen müssen. Das erzählt er doch je-he-des Jahr. Sagt bloß, ihr kennt das noch nicht auswendig!"

Die drei schütteln synchron die Köpfe, was vielleicht darauf hinweist, wie sie es bislang geschafft haben, die Erzählungen ihres Großvaters wieder aus ihren Hirnen herauszuschaffen.

„Ihr Glücklichen", sagt Miranda. Da erklingt von unten das Glöckchen. „Auf ins Gefecht", sagt sie.

Ein Stockwerk tiefer lauscht der Schriftsteller S. sehr versonnen dem etwas blechernen Klang der kleinen Glocke, die vor über siebzig Jahren schon ihn ins Weihnachtszimmer gerufen hat.

Da legt ihm seine Frau eine Hand auf den Arm. „Fändest du es nicht toll, wenn du mir heute Abend ein besonderes Geschenk machen würdest?"

S. lächelt milde.

„Dann erzähl bitte einmal zu Weihnachten nicht vom Corona-Jahr. Nicht vom Lockdown, nicht von der flachen Kurve und nicht von den Querdenkern. Versprichst du mir das?"

S. zieht die Stirn kraus, und da ist viel Stirn zum Krausziehen. „Auch nicht von meinem Freiwilligendienst im Impfzentrum?"

„Davon am allerwenigsten, bitte."

„Aber sie darf ich doch tragen?", sagt S. und fasst sich ans Revers, wo er zu hohen Feiertagen wie diesen die kleine Anstecknadel trägt, die der damalige Bundespräsident an Weihnachten 2023 allen freiwilligen Impfhelfern für ihre aufopferungsvollen Dienste verliehen hat.

Doch bevor seine Frau antworten kann, stürmen die drei Jungs die Treppe herunter, Miranda in königlicher Haltung hinterher. Wenige Sekundenbruchteile darauf beginnt die Schlacht um die Pakete.

Sehr viel später am Abend sind alle satt oder haben Bauchweh, und die Geschenke sind so lange untereinander ausgetauscht worden, bis jeder hat, was er sich wünschte. Kurz vor Mitternacht kehrt Stille ein, und da erhebt sich Miranda wie die Schaumgeborene aus einem Meer von Geschenkpapier. Ihre Wangen sind leicht gerötet, ihre Locken durch die Hitze im Zimmer noch kleiner geworden, sodass sie ihr blasses Gesicht umrahmen wie ein Heiligenschein. „Und jetzt", sagt sie mit etwas fiebriger Stimme, „erzählt Opa von Corona."

Insgesamt acht entsetzte Blicke treffen sie. Sie stammen von zwei Elternpaaren, einem Bruder, zwei Cousins und ihrer Oma. Geräuschlos, aber laut tönend steht ein „Warum das denn?" im Raum.

Miranda zuckt ihre Ballerinenschultern. „Ich weiß auch nicht", sagt sie. „Aber Weihnachten ohne Corona – da fehlt mir was."

23. Zoom
Monaden in Fenstern (8. Dezember 2020)

Bin ich eigentlich ein „digital native"? Immerhin schreibe ich bereits seit 1985 mit einem Textverarbeitungsprogramm, und beim Kauf meines ersten PCs konnte ich mich geradezu als Pionier begreifen. Ich habe alle Neuerungen digitaler Kommunikation „zeitnah" in mein Leben aufgenommen: SMS, Internet, E-Mail, WhatsApp etc. Schließlich benutze ich seit mehreren Jahren eine digitale Spracherkennung, die ich wirklich nicht mehr missen möchte.

Trotzdem bin ich absolut kein „digital native"! Noch immer, und wahrscheinlich bis ans Ende meiner Tage, betrachte ich das Allermeiste von dem, was in und über die digitalen Medien passiert, als einen Ersatz für die entsprechenden Analogvarianten. Folglich reagiere ich auf jeden neuen digitalen Trend eher mit Reserve als mit Begeisterung, und um so manches drücke ich mich herum, zum Beispiel um Zoom, Skype und dergleichen. Aber jetzt ist Corona, und ich nehme einigermaßen regelmäßig an digitalen Meetings teil. Die Seuche hat mich dazu gezwungen. Diese Art der Kommunikation sei jetzt alternativlos, heißt es, und mir fehlen die Gegenargumente. Doch ganz ehrlich: Ich tue mich schwer damit. Und ich muss noch sehr viel lernen!

Zum Beispiel, mich nicht zu sehr auf die Hintergründe zu konzentrieren, vor denen die Zoomisten auf meinem Monitor erscheinen. Zu sehen sind da unter anderem: Lampen, Bilder, Möbel der verschiedensten Stilrichtungen, interessante Wanduhren und noch interessantere Bücherwände, davon manche, die nach strapazierter Arbeitsbibliothek, und andere, die nach wohlverwahrten Leseschätzen aussehen. Auch gibt es diverse Gegenstände auf Schreibtischen, manche nüchtern und sachdienlich, andere offenbar emotional aufgeladen usw. usw.

Das alles erscheint mir, mag es auch noch so banal sein, höchst interessant, besser gesagt: viel zu interessant. Der Blick durch das Zoomfenster in fremde Wohn- oder Arbeitszimmer kommt mir vor wie der Blick des einsamen nächtlichen Passanten in ein erleuchtetes Zimmer: ein unerlaubtes Eindringen, eine Grenzüberschreitung. In meinem ersten Roman „Langer Samstag" aus dem Jahr 1995 habe ich die Hauptfigur darüber fantasieren lassen, was geschähe, wenn sie die Lizenz besäße, die Wohnungen hinter den erleuchteten Fenstern betreten zu dürfen. Die verschämte Neugier, die mich damals zu der Textpassage animierte, spüre ich jetzt wieder bei den Zoommeetings. Und das darf natürlich nicht sein, ich muss mich auf anderes konzentrieren.

Manchmal ist übrigens hinter dem Kopf des Zoomisten auch gar nichts zu sehen, beziehungsweise etwas höchst Erstaunliches: zum Beispiel die Skyline von Manhattan, die Golden Gate Bridge, ein Alpenpanorama oder ein Sonnenuntergang über dem Meer. Das alles ist natürlich digital dorthin gezaubert und so lange banal und langweilig, bis es beginnt, an der Frisur des Zoomisten zu knabbern oder seinen Kopf mit einem blinkenden Heiligenschein zu umgeben, was mir dann wieder die Konzentration erschwert.

Viel zu viel Interesse wende ich auch an meine eigene Erscheinung im betreffenden Kästchen des (adventlichen) Zoomkalenders. Zunächst einmal muss ich mir dringend abgewöhnen, davon fasziniert zu sein, dass, wenn ich die rechte Hand hebe, mein Zoomabbild das im Gegensatz zu meinem Spiegelbild auch tut, zumal solche Spielereien fälschlicherweise als Wortmeldung aufgefasst werden können. Darüber hinaus sollte ich unbedingt verinnerlichen, dass das Zoommeeting nicht der geeignete Zeitpunkt ist, Kamerawinkel, Ausleuchtung, Kleidung und Hintergrund zu optimieren. Ich sollte es dabei belassen, peinliche oder (mich) diskriminierende Gegenstände aus dem Blickfeld verschwinden zu lassen, zum Beispiel (Corona geschuldet): leere Pizzakartons, leere Kaffeetassen, seichte Unterhaltungslektüre, leere Bierflaschen und aus schierer Langeweile entstandene Kastanienmännchen.

Womit ich beim Thema Kleidung wäre. Hoffentlich realisiere ich bald, dass es bereits genügt, sich ein frisches Hemd anzuziehen, um im Zoombild einen guten Eindruck zu machen. Selbst wenn es nur lässig über der Jogginghose getragen wird, wirkt es erheblich besser als das Schlafanzugoberteil, mit dem der (dank Corona) downgelockte freischaffende Künstler allmählich zu verwachsen droht.

Wichtig ist auch, dass ich mir abgewöhnen muss, die technischen Schwierigkeiten der anderen Zoomisten wahrzunehmen oder gar als ärgerlich zu empfinden. Ich weiß schließlich selbst, wie viel zielloses Geklicke es mich anfangs gekostet hat, bis ich endlich mit Bild und Ton „drin“ war. Daher muss allergrößte Nachsicht denen gelten, die sich noch in diesem

Lernstadium befinden, dabei aber bedauerlicherweise ihr Gerät so geschaltet haben, dass man ihnen beim Nicht-Bescheid-Wissen und beim ziellosen Geklicke zusehen kann.

Ferner muss ich daran arbeiten, Fluchtimpulse zu unterdrücken. In jenen alten analogen Zeiten, denen Corona ein (vorläufiges?) Ende gemacht hat, hatte man als Teilnehmer an gesellschaftlichen Veranstaltungen in der Regel seinen Körper dabei. Und weil es auffällig und peinlich und grob unhöflich war, diesen Körper, sagen wir: während eines Vortrags über ein nur mäßig interessierendes Thema aus dem Saal zu schaffen, unterließ man es und wartete ergeben das Ende der Veranstaltung ab. Bei bloß digitaler Anwesenheit aber vergrößert sich der Fluchtimpuls, denn zum plötzlichen Verschwinden bedarf es ja nur noch eines Klicks, der im Nachhinein mit den allgegenwärtigen technischen Problemen erklärt werden kann, während die analoge Körperselbstbeseitigung immer umständlich erläutert und nie so recht entschuldigt werden konnte.

Ach, auf meiner to-zoom-Liste stehen noch etliche weitere Punkte, ich will es aber bei einem letzten belassen: Wie lerne ich, den Umstand zu ertragen, dass ich bei einem eigenen Wortbeitrag sogleich dessen digitalisierte Fassung vor Augen habe? Ich bin Schriftsteller, kein Schauspieler. Von meinen Auftritten gibt es in der Regel keine Filmaufnahmen, und die, die es gibt, habe ich mir mit Bedacht nie angesehen, um nicht Gefahr zu laufen, meine „Performance" verbessern zu wollen. Schauspieler machen so etwas, aber auch Schauspieler machen es nach ihrem Auftritt, nicht währenddessen! Wie aber bekomme ich es hin, frei und natürlich aufzutreten und zu sprechen, während das Egoäffchen im Zoombild mir jeden Laut und jede Geste sofort nachmacht?

Nun gut, ich könnte das eigene Bild abschalten. Mit welchem Effekt? Vielleicht, um in den Gesichtern der anderen Zoomisten zu erkennen, ob ich überhaupt noch da bin? Das klingt irgendwie interessant. Wengleich auch grauenhaft.

Aber ich werde das alles noch lernen.

24. Trost
Versuch einer Definition (13. Dezember 2020)

Was ist eigentlich Trost? Nun, da stellen wir uns einmal dumm und sagen: Wenn einem etwas Schlimmes passiert und dann etwas anderes geschieht, das Schmerz und Trauer mindert, dann ist dieses andere ein Trost.

Aha. Wenn mein Haus abbrennt und die Versicherung mir daraufhin 500.000 Euro zahlt, dann ist das Trost?

Nein, das ist natürlich kein Trost, das ist eine Entschädigung.

Und wenn ein Kind hinfällt, sich das Knie aufschlägt, bitterlich weint und seine Mutter ihm ein tolles neues Spielzeug verspricht, ist das Trost?

Mag sein, dass das so genannt wird, aber es ist wohl eher eine Ablenkung. Nein, Trost ist etwas sehr viel Komplexeres als Entschädigung oder Ablenkung. Ich habe in den letzten Jahren viel über den Trost nachgedacht, und dafür gab es einen konkreten Grund. Meine Mutter war an Alzheimer erkrankt; sie bemerkte ihren Zustand und war sehr unglücklich darüber, oft genug sogar verzweifelt. Für Alzheimer aber gibt es keine Entschädigung, und zumindest im Fall meiner Mutter funktionierte auch die Ablenkung nicht wirklich gut.

Umso wichtiger wäre es gewesen, dass jemand sie tröstete. Dass ich sie tröstete. Aber wie tröstet man eigentlich? Was geschieht beim Trösten? Meine Antwort auf diese Fragen war, dass ein Trösten, das weder Entschädigung noch Ablenkung ist, nur gelingen kann, wenn beide Seiten, Tröstende und Getröstete, sich auf den Trost einlassen. Wenn sie beide akzeptieren, dass es neben Entschädigung und Ablenkung noch etwas anderes gibt, das ihren Schmerz und ihre Trauer lindern und ihre Situation verbessern kann. Man muss trösten können, um zu trösten. Und man muss in der Lage sein, sich trösten zu lassen, um getröstet zu werden.

Ich vermute, Trost zu spenden und Trost zu empfangen ist etwas menschheitsgeschichtlich sehr Altes. Vielleicht stammt es aus einem eher körperlichen als verstandesmäßigen Bereich. Den Ursprung des Trostes sehe ich eher da, wo Mütter oder Väter ihren weinenden Säugling an die Brust drücken und ihm tröstende Laute ins Ohr flüstern. Dem kleinen Menschen helfen diese Laute, wahrscheinlich ist es schon in seinen genetischen Code geschrieben, dass die Stimme der Mutter oder des Vaters

Schmerzen und Angst reduzieren können. Später werden aus den tröstlichen Lauten Worte und Sätze, es entwickeln sich höchst individuelle Formen und Sprachen der Tröstung.

Doch jetzt wird es heikel. Wer, aus welchen Gründen auch immer, diesen Code nicht erlernt oder ihn nicht akzeptiert, sei es von einer bestimmten Person, sei es von allen – der kann nicht wirklich getröstet werden! Zum Trösten gehören zwei.

Meine Mutter und ich hatten es, als ich klein war, nicht geschafft, einen funktionierenden Trostcode zu entwickeln und dazu die beiderseitige Bereitschaft, Trost zu spenden und Trost zu empfangen. Und so war ich fünfzig Jahre nach meiner Kinderzeit nicht in der Lage, meine Mutter zu trösten. Ich versuchte es stattdessen mit Ablenkung, mit Ermunterung, idiotischer Weise auch mit rationalen Argumenten, aber das alles half nicht. Wir hatten einfach nicht gelernt, uns gegenseitig Trost spenden zu können; und das war bitter.

Meine Überzeugung ist seitdem: Menschen, die einander kennenlernen, seien es Eltern und Kinder, seien es Freundinnen und Freunde oder Liebespaare, sollten bewusst lernen, einander zu trösten. Nicht mit großartigen Geschenken oder Versprechen, sondern auf eine elementare Art und Weise: vielleicht vor allem durch das Angebot schierer Nähe und durch die bewusste Erfahrung, dass Nähe heilsam sein kann: heilsam eben im Sinne von – tröstlich.

Ich denke, man erwirbt das Trösten und Getröstetwerden wie das Sprechen und das Singen. Die Anlage dazu hat jeder, doch um es zu beherrschen, muss man es lernen. Die momentane Lage gibt jeden Anlass dazu.

Pandemiegewinner 5
Anonymus, 31, bekannter Popmusiker

Muss ich mich vorstellen? Nein, oder? Sie kennen mich ja. Und wenn Sie mich nicht kennen, dann kennen mich ihre Kinder. Meine Band und ich, wir sind die, bei denen die Eltern von Teenagern immer überlegen, ob sie ihren Kindern verbieten sollen, zu unseren Konzerten zu gehen – oder lieber selbst kommen. (lacht)

Ja, sorry. Das ist so ein Werbespruch. Den sag ich gerne, wenn ich interviewt werde, von wegen, für wen wir denn spielen, wer unser Publikum ist und so. Klingt ein bisschen großspurig, ich weiß. Aber die meisten Bands versuchen doch heute, praktisch alle Leute zu erreichen. Und so richtig alte Leute, wie früher, gibt es doch gar nicht mehr, jedenfalls was Popmusik angeht. In den Sendern, in denen früher Heino lief, laufen jetzt die Stones.

Wie bin ich darauf gekommen? Ach so, ja. Ich wollte mich ein bisschen vorstellen. Das heißt, ich wollte sagen, dass ich mich eigentlich nicht groß vorstellen muss. Weil Sie wissen, wer ich bin.

Aber darum geht's mir eigentlich gar nicht. Ich wollte Ihnen was erzählen; und das ist irgendwie nicht so – easy. Im Gegenteil. Das ist eine Sache, über die ich in letzter Zeit viel grüble. Und wenn ich sage „grübeln", dann meine ich nicht, in so einem Ledersessel sitzen, ein Glas teuren Rotwein trinken und sich irgendwelche feinsinnigen Gedanken durchs Hirn spazieren lassen. Ich meine eher das Grübeln, bei dem man nachts im Bett liegt und so ein Zeug vor sich hin denkt und eigentlich viel lieber schlafen möchte.

Aber ich fang mal von vorne an. Corona. Muss ich nicht viel zu sagen. Schluss mit lustig, besonders für unsereins. Neues Album, monatelang dran gearbeitet, immer wieder drüber gesprochen, von wegen „neuer Schritt gemacht, neue musikalische Bereiche erobert" und so weiter. Dann kommt das Ding raus, und kein Schwein interessiert sich dafür. Keine Tournee, keine Konzerte. Nada. Sieht man mal von der Huphup-Blinkblink-Geschichte in diesem Autokino ab, nach der ich abends einen dermaßen Depressionsschub bekommen habe, dass ich drei Hotelzimmer hätte zerlegen können. Zum Glück waren wir gar nicht im Hotel, weil das

Autokino bei uns um die Ecke ist. Und dass ich meine eigene Bude zerlege, da muss es schon noch ein bisschen schlimmer kommen.

Hup hup! Blink blink! (lacht) Das war so, als hätte man einem Kind versprochen: „Wir gehen in den Zoo." Und dann sagt man zu ihm: „Sorry, Zoo ist leider nicht. Aber ich hab hier ein schönes Buch. Tiere in heimischer Flur. Vierzig Schwarzweißfotos. Das blättern wir jetzt mal in Ruhe durch. Wirst sehen, das ist genauso schön wie Zoo." Ist es aber nicht. Trotzdem habe ich mich natürlich ein Dutzend Mal vor irgendwelche Mikrofone gestellt und mich bei meinen treuen Fans bedankt, die mich in schweren Zeiten so toll unterstützt haben.

Hup hup. Blink blink. Holy shit! Verarschen kann ich mich selbst. Sagt man immer so. Das Konzert im Autokino war endlich mal ein richtiger Beweis dafür, dass man das wirklich kann: sich selbst verarschen, während zweihundert Leute in ihren Blechkisten einem dabei zugucken. Hup hup, blink blink.

O Mann, war ich schlecht drauf. In den Tagen danach ist dann dieses Grübeln bei mir ausgebrochen. Und irgendwann hatte ich das Gefühl, ich steh am Rand von einem Loch, bei dem ich nicht bis auf den Boden sehen kann. Ich steh ganz nah am Rand, und wenn ich nicht höllisch aufpasse, falle ich da rein. Und ich sage mir: „Junge, geh doch ein Stück zurück. Halt doch ein bisschen Abstand." Aber ich kann nicht, im Gegenteil, ich muss immer näher ran an dieses Loch, so nah, wie es nur eben geht.

Fragen Sie sich jetzt, was das für ein Loch ist? Wenn ja, dann erkläre ich es Ihnen. Und wenn nein, dann erkläre ich es Ihnen auch. Das Loch ist nämlich eine Frage. Na ja, das ist ein bisschen schief. Vielleicht sage ich besser: In dem Loch lauert eine Frage auf mich. Und die Frage lautet, diese beschissene Frage lautet: „Muss man eigentlich Musik vor Leuten machen?"

Gut, ich meine, natürlich muss man Musik vor Leuten machen. Man nennt das Konzert, und von solchen Konzerten leben wir Musiker. Früher konnte man mal von Platten oder CDs leben, aber das war vor meiner Zeit. Jetzt leben wir von Konzerten. Und es ist auch nicht so, dass wir sagen: „Ja, blöd. Leider muss man solche Konzerte machen, um Geld zu verdienen. Also machen wir das mal." Nein! Das sagen wir natürlich nicht. Wir sagen: „Das Schönste an der Musik, das ist, wenn wir vor soundsovielen Menschen performen und wenn wir diese Welle der Begeisterung spüren. Ja, genau." Das ist, was wir immer sagen, in ich weiß nicht wie vielen Variationen, die immer auf dasselbe hinauslaufen: Musik ist performen, und eigentlich leben wir nicht von Geld oder von Brot und Kartoffeln, sondern vom Kreischen der Leute und von den geschwenkten Feuerzeugen.

Denken Sie nicht, ich würde jetzt sagen: Das ist gelogen. Sätze, die man so oft sagt und die immer wieder funktionieren, die sind nie so richtig falsch. Wenn alle Leute sich auf irgendwas einigen, dann hat das eine gewisse Richtigkeit. Wie bei den Gesetzen. Auf die hat man sich geeinigt, und dann gelten sie. Hundert Jahre später sagen die Leute vielleicht: „Die hatten wohl einen an der Waffel, solche Gesetze zu beschließen." Und dann machen sie andere, und dann gelten wieder die. Genauso ist das bei uns auch. Alle machen mit bei diesem Performen-Gerede, zufällig lebt auch noch die ganze Branche davon, also muss das auch richtig so sein. Basta.

Aber jetzt das Loch. Das Corona-Loch. Das Loch mit der Frage darin, die lautet: „Stimmt das wirklich?" Und wenn ich ehrlich sein soll: Ich steh eigentlich nicht mehr am Rand von dem Loch. Ich bin schon reingefallen. Und ich falle und falle und falle und komme nirgendwo an. Und während ich falle, kommt mir dieses ganze Performen immer mehr wie eine Riesenlüge vor. Oder besser: wie so ein Tarnnetz, das man über was drüber wirft, damit man nicht erkennt, was drunter ist.

Ja, was passiert denn eigentlich?, hab ich mich gefragt. Also bei den Konzerten. Wir sitzen ein paar Stunden im Tourbus, wir hören uns an, was der Manager von dieser Halle noch an Problemchen hat, wir spielen uns ein, Soundcheck, dann tun wir so, als würden wir uns mental auf unseren Auftritt vorbereiten. Dann kommen die Leute, die lassen wir so lange warten, wie es gerade eben noch geht, dann gehen wir auf die Bühne, und dann tun wir so, als wäre es cool, heute Abend ein bisschen für die Leute zu spielen. Als wäre es das, was wir uns immer schon gewünscht haben: eine Nacht im Lockschuppen in Bielefeld, und als wären wir den Bielefeldern regelrecht dankbar dafür, dass sie uns da spielen lassen. Und wenn wir uns nicht zu blöd anstellen, dann klappt das auch, und alle empfinden das genau so, und schließlich gehe ich an den Bühnenrand und fasse jemanden an, oder ich hechte ins Publikum und lasse mich auffangen und durch den Saal tragen. Und am Ende spielen wir so viele Zugaben, bis wir selber denken, wir wollen gar nicht mehr von der Bühne runter, weil nur auf der Bühne, da gibt es uns richtig, und hinter der Bühne, da gibt es uns gar nicht, und deshalb wollen wir da auch gar nicht mehr hin.

114

Klingt das jetzt so, als würde ich mich darüber lustig machen? Fehler! Sorry! Nein nein. Wenn so ein Konzert gut läuft – dann ist das – gut. Cool. Möchte echt keiner missen. Und nicht nur wegen des Geldes. Ich verstehe die Kollegen, die sagen, sie gehen wegen Corona auf dem Zahnfleisch.

Aber das beantwortet alles noch nicht die Frage aus dem Loch, die Frage, ob Performance wirklich sein muss. Ob es wirklich so ist, dass die Musik erst richtig Musik ist, wenn man sie live vor tausend Leuten spielt?

Was meinen Sie? Aber kommen Sie mir jetzt bitte nicht mit irgendwelchen Unterscheidungen! Von wegen Rokoko-Kammermusik vor dreißig Leuten im Salon, Stones und Coldplay vor 30.000 im Stadion. Ich weiß, dass es im Leben Unterschiede gibt, aber ich hab ja schon gesagt, ich grüble, und das heißt so viel wie: ich philosophiere. Oder anders gesagt: Ich würde das gerne mal ganz grundsätzlich klären. Muss man Musik vor Publikum spielen, weil das, wie soll ich sagen, weil das die höchste Stufe von Musik ist? Oder weil es erst die eigentliche Musik ist?

Ich meine: Jetzt in diesem Moment liegen soundsoviele Millionen Menschen irgendwo in ihren Zimmern und lassen sich von einer Konserve beschallen. In allerbester digitaler Soundqualität über fünf Riesenboxen oder einen fetten Kopfhörer. Und? Fehlt diesen Leuten wirklich was, wenn sie nicht sehen, wie der Frontmann schwitzt oder wie der Keyborder sich ein Bier holt, wenn er ein paar Takte Pause hat? Ist so ein Konzert mit einer lausigen Akustik, nach dem man einen halben Tag lang taub ist, tatsächlich besser als eine CD in Superqualität? Und wenn ja, warum genau?

Nein, kommen Sie mir jetzt nicht mit Gemeinschaftsgefühl und Erlebnis. Gemeinschaftsgefühl und Erlebnis können Sie auch beim Fußball oder von mir aus in der Kirche haben oder bei Fridays for Future. Mir geht es echt um die Musik. Wenn diese verdammte Corona-Scheiße vorbei ist, dann will ich auf die Bühne gehen und endlich einmal genau wissen, was ich da tue. Ob ich da zum Geldverdienen bin oder zum Egopolieren oder – oder ob es da noch etwas gibt, das wichtiger ist als Knete und Ego.

Ehrlich, ich will das jetzt wissen. Ohne Corona hätte ich mich das womöglich nie gefragt, und keine Bange! Ich geh jetzt nicht hin und sage: „Danke, Corona. Danke für den Denkanstoß." Das nun wirklich nicht. Aber es ist nun mal passiert. Und eins weiß ich: Ich werd diese Frage nicht mehr los. Und ich will eine Antwort darauf. Möglichst bald.

Sonst bin ich raus.

25. Zumutung
Eine weitere Reflexion über Sprache (3. Januar 2021)

Nein: Der Lockdown wird nicht am 10. Januar aufgehoben werden. Vielleicht nicht einmal am 10. Februar. Über das tatsächliche Ende will ich aber gar nicht rechten oder spekulieren, das tun jetzt schon so viele andere. Und abermals nein: Wenn die warmen Tage kommen, werden wir noch nicht alle geimpft sein. Es wird länger dauern, die zu impfen, die geimpft werden wollen, und niemand wird die zur Impfung zwingen, die das nicht wollen. Eine „Herdenimmunität", die eine Aussetzung aller Schutzmaßnahmen erlaubte, sie wird es so bald nicht geben.

Und ja: Das alles ist eine Zumutung. Ich höre das Wort jetzt immer wieder. Und wie das oft geschieht, wenn ich ein Wort, das mir ganz und gar vertraut schien, viel öfter als gewöhnlich höre, stellt sich mir die Frage, was es denn überhaupt bedeutet. „Je näher man ein Wort ansieht", um noch einmal Karl Kraus zu zitieren, „desto ferner schaut es zurück." Also schau ich einmal durch das umgedrehte Fernglas in Richtung Zumutung.

Zumutung ist eines von jenen Wörtern, die eine sehr spezielle Liebe zur Muttersprache wecken können: ein synthetisches Konstrukt aus dem Deutsch-Baukasten Der Bedeutungsträger ist Mut, so viel ist klar. Im Althochdeutschen hieß es noch muot, und das war ein Wort für das Innere, für das gesamte Wesen des Menschen, das man heute mit Sinn, Seele, Geist etc. ausdrücken würde. In der Neuzeit ist Mut einerseits auf eine einzelne Charaktereigenschaft geschrumpft und andererseits vom Neutralen ins Positive gewendet worden. In der Redensart, jemand solle sein „Mütchen kühlen", hat sich die alte Bedeutungsfülle von muot noch (ironisch) erhalten. Ebenso in Gemüt; allerdings wird im dazugehörigen Adjektiv gemütlich der umfassende Anspruch schon wieder zugunsten von Keksen, Tee mit Rum und shabby chic reduziert.

Ähnlich schillernd präsentieren sich die Erweiterungen von Mut. Man fragt sich: Was genau bedeuten die kleinen Wörter, mit denen man den Mut erweitern oder spezifizieren kann? Da öffnen sich Abgründe tief wie Canyons, wenn man auch nur ein paar Schritte aus der Sphäre der Selbstverständlichkeit heraus tut, in der man für gewöhnlich mit seiner Muttersprache umgeht.

Erstes Beispiel, leider etwas veraltet: Langmut. Gemeint ist etwas, das mit dem neumodischen Mut viel weniger als mit dem alten muot/Gemüt korrespondiert. Doch wenn wir, wie heute üblich, zur Langmut Geduld sagen, dann können wir vielleicht noch spüren, dass im Langmut mehr der Mut steckt und in der Geduld mehr das Dulden.

Zweites Beispiel: Anmut. Der heutige Sprecher denkt gleich an eine zarte Form der Schönheit, also an etwas eindeutig Positives. Doch in anmuten und Anmutung geht es gar nicht um eine positive Qualität, sondern um den Schein (oder Anschein), den etwas oder jemand erweckt. Und der kann bekanntlich trügen.

Und nun endlich: die Zumutung. Ich habe mir viele Beispiele der zeitgenössischen Verwendung von der großen Suchmaschine vorlegen lassen, und ich habe definitiv keine positive Verwendung des Wortes gefunden. Zumutungen sind wohl in der Regel nicht unzulässig oder strafbar, dann würden sie anders genannt, allerdings überschreiten sie ein zwar nicht kodifiziertes, doch individuell oder allgemein so empfundenes Höchstmaß.

Sie bemerken es: Ich bin in unserer Corona-Gegenwart angekommen. 2020 war ganz ohne Zweifel das Rekordjahr der Zumutungen. Auf Basis von Gesetzen und Verordnungen wurde Millionen von Menschen zugemutet, ihr Leben in einer Art und Weise einzuschränken, die sie vielfach psychisch, sozial und ökonomisch in höchstem Maße beeinträchtigte und schwächte. Ich weiß, leider, wovon ich rede. Mir als selbstständigem Schriftsteller ist praktisch ein ganzes Berufsjahr gestrichen worden. Das war und ist schlimm, wenngleich es anderen noch schlimmer ergangen ist.

Lauter Zumutungen also. Aber warum heißen die eigentlich so und nicht anders? Ich habe in Grimms Wörterbuch nachgeschlagen, was immer dabei hilft. Wörter im Kraus'schen Sinne unter die Lupe zu nehmen. Noch vor dreihundert Jahren war eine Zumutung nur ein Ansinnen, etwas, das man von jemandem oder das jemand von sich selbst verlangte. Es war egal, ob das positiv oder negativ konnotierte. Denkt man ein wenig nach, dann kommt man darauf, dass sich etwas von dieser wertneutralen Bedeutung bis in die Gegenwart erhalten hat. Wenn ich sage, dass man einem Menschen oder einem technischen Gerät etwas zumuten kann, dann ist damit gemeint, dass er oder es eine bestimmte Belastung aushalten, verkraften kann und vielleicht sogar sollte oder muss. Sprachgeschichtlich argumentiert: Was ich jemandem zumuten kann, das entspricht seinem muot, seiner inneren Verfassung; und es wird, hoffentlich, seine Möglichkeiten nicht übersteigen.

Dies war, zu Beginn des zweiten Jahres meiner Corona-Briefe, eine kleine Sprachreflexion. Wer meine bisherigen Texte kennt, der weiß, dass ich mich nicht unbedingt Politik-kompatibel äußere. Es war immer mein Anliegen, die Aufgabe des Schriftstellers von der des Politikers zu trennen. Ich bin sicher kein unpolitischer Mensch, aber Politik „macht" eher mein Alter Ego, wenn der Schriftsteller dienstfrei hat. Der aber sieht seine Aufgabe eher darin, Denkanstöße zu geben.

Dieser hier galt der Zumutung, vor allem der Frage nach Art und Maß des Mutes darin. Vielleicht kann dieser Denkanstoß dazu anregen, in den vielen Zumutungen der Gegenwart und der Zukunft einen Appell an unseren Mut zu sehen.

26. Passt das zusammen?
Pandemie und Demokratie (10. Januar 2021)

Der Aphorismus ist allgemein bekannt: Die Demokratie ist nicht die beste aller denkbaren Regierungsformen, sondern die am wenigsten schlechte. Von Churchill soll der Satz stammen: Die Diktatur ist ein stolzes Schiff, das im Sturme sinkt, die Demokratie ein elendes Floß, das den Sturm übersteht. Eine höchst intelligente und sachkundige Freundin hat mir klargemacht, dass Demokratie nicht (wie ich in meiner Naivität lange Zeit angenommen hatte) der Beglückung aller Menschen diene, sondern der Verhinderung von Machtmissbrauch. Demokratie ist eine Maßnahme gegen die Napoleons dieser Welt in allen ihren Spielarten von durchgeknallt bis sadistisch. Man kann in einer Demokratie einen Präsidenten wie Donalds Trump wählen, man kann ihn aber auch wieder abwählen.

Überdies soll Demokratie Unterdrückung verhindern. Politische Beschlüsse werden zwar durch Mehrheitsentscheide herbeigeführt, gleichzeitig aber sollen Minderheiten geschützt werden. Inzwischen kann man sogar den Eindruck gewinnen, dass hierzulande der Minderheitenschutz beinahe höher rangiert als der Wille der Mehrheit. Was sicherlich auch nicht ganz schlecht ist. Die europäische Aufklärung hat den Menschen des Westens den Weg zur Individualität gezeigt, die entwickelte Demokratie baut ihn sechsspurig aus.

Aber was taugt die Demokratie in der Pandemie? Ein Beispiel: Die letzten Wochen haben gezeigt, wie schwer es in unserem Gemeinwesen fällt, auf Basis der bestehenden Gesetze zwischen dem Recht auf freie Meinungsäußerung und dem Recht auf Schutz vor körperlicher Gefährdung abzuwägen. Tausende Gegner der Corona-Maßnahmen dürfen einen Teil des öffentlichen Raumes beanspruchen, um darin ihre Überzeugung kundzutun; andererseits haben etliche Millionen das Recht, vor Menschen geschützt zu werden, die bewusst ein hohes Infektions- bzw. Übertragungsrisiko eingehen. Ich verstehe die Richter, die sich für das Grundrecht des Menschen auf freie Meinungsäußerung entschieden haben. Ich verstehe aber auch diejenigen, die sagen, dass die Freiheit der Meinungsäußerung dort endet, wo das Recht auf körperliche Unversehrtheit beginnt.

Einer der Grundpfeiler der Demokratie ist das Recht auf Selbstbestimmung, das Haus und Körper des Menschen unter einen besonders hohen

Schutz stellt. Mal eben mit einem SEK durch die Haustür zu brechen, um nachzusehen, ob jemand in seinem Wohnzimmer eine Masern- oder Corona-Party veranstaltet, entspricht nicht unseren demokratischen Gepflogenheiten. Gut so! Und wer die Injektion einer körperfremden Substanz partout nicht erlauben will, den darf man dazu nicht zwingen. Selbst wenn Eltern aus religiösen oder weltanschaulichen Gründen die medizinische Behandlung ihres todkranken Kindes ablehnen, bedarf es eines großen medizinischen und juristischen Aufwands, um gegen ihren Willen zu handeln.

Nun haben inzwischen die Impfungen gegen das Corona-Virus begonnen. Es wird, so hoffe ich jedenfalls, Freiwillige genug geben, um irgendwann die sogenannte Herdenimmunität herbeizuführen. Was aber geschieht mit denen, die sich einer Impfung, aus welchen Gründen auch immer, widersetzen? In unserer Demokratie wird jetzt darüber diskutiert. In einer Diktatur bekämen sie einen bösen Blick und einen wenig subtilen Hinweis auf Umerziehungs- oder schlimmere Lager, und vermutlich würden sie dann bald ihre Hemdsärmel aufrollen. Hierzulande werden sie zunächst einmal keine Impfbescheinigung bekommen und ansonsten ihr Leben unbehelligt weiterführen dürfen. Auch ihr Leben als potentielle Überträger der Krankheit.

Ich habe mich erkundigt. Noch gilt, dass es keine Schuldfeststellung bei Infektionen mit Corona-Viren gibt. Wer weiß, dass er HIV-infiziert ist, und ungeschützten Geschlechtsverkehr hat, macht sich der Körperverletzung schuldig. Für den Träger des Corona-Virus gilt das nicht, wenn Aerosole aus seinem Mund die Schleimhäute eines zu nahe stehenden Mitmenschen aufsuchen.

Was also kann, was wird man im Kontext der Demokratie mit Menschen tun, die eine Impfung und damit ein Ausscheiden aus dem Kreis der potentiellen Überträger ablehnen? Ein bisschen gruselt es mich, wenn ich über diese Frage nachdenke. Es ist, als würde ich am Drehbuch eines Zombiefilmes mitarbeiten. Wohlgemerkt, eines Filmes, in dem die Zombies als Krankheitsüberträger so moderat auftreten, dass die Ordnungsorgane noch die Chance haben, gesetzeskonform zu handeln, und nicht gleich darangehen, ganze Städte durch Bombardierung als Infektionsherde zu eliminieren.

Ein Mitglied des Ethikrates hat vor ein paar Wochen ein Binnenszenario entworfen, das in besagtem Film schon für einigen zusätzlichen Thrill sorgen könnte. Der Professor präsentierte öffentlich ein Gedankenspiel, in dem Impfverweigerer bei einer eigenen Erkrankung auf eine Intensivbehandlung verzichten müssten, um das medizinische Potenzial für diejenigen freizuhalten, die sich durch ihre Impfung an der allgemeinen Immunisierung der Bevölkerung beteiligt haben. Die Folge dieser Äußerung war der wohlbekannte „Sturm der Entrüstung". Man brauchte die Ohren nicht besonders zu spitzen, um das Wort „unmenschlich" herauszuhören.

Natürlich hat der Professor es „nicht so gemeint". Seinem hippokratischen Eid verpflichtet, wird er sicherlich jeden behandeln, der medizinischer Behandlung bedarf. Und es steht auch absolut nicht zu erwarten, dass es obrigkeitliche Verordnungen geben wird, nach denen Impfverweigerern die medizinische Versorgung entzogen wird. Ich mache mir da keine Sorgen. Wir leben in einem demokratischen Rechtsstaat. Und in einem solchen tut man so etwas nicht.

Sorgen mache ich mir allerdings darüber, dass zu Zeiten der Pandemie unsere bislang so eifrig gepflegte Minderheitenfürsorge in eine Krise kommen könnte. Toleranz zu üben gegenüber den Intoleranten, Solidarität mit den Unsolidarischen zu praktizieren, und das in großem Ausmaß, das könnte eine Belastungsprobe für unsere Demokratie werden. Den Schutz der Individualität hier und da über den Schutz der Gemeinschaft zu stellen, das mag in den heiteren Zeiten vor Corona immer wieder durchgegangen sein, ohne dass es zu größeren Auseinandersetzungen kam. Corona aber ist ein aggressiver Katalysator. (Ich bin mir des Widerspruchs bewusst!) Die Praxis des Minderheitenschutzes könnte einem sehr unangenehmen Stresstest unterworfen werden.

Ich bleibe allerdings optimistisch. Das ist das größte Geschenk, das wir uns momentan selbst machen können. Es kostet kein Geld, allerdings ein wenig Kraft. Mein Optimismus sagt mir, dass sanfter sozialer Druck, in kleinen Dosen verabreicht, die Zahl der Impfverweigerer im Laufe der Zeit verringern wird. Vieles Angenehme und Beliebte in unserem Staat befindet sich in Privatbesitz; und dort gilt der Wille des Besitzers. Ohne Impfnachweis nicht ins Fußballstadion zu dürfen, nicht in die Disco etc., das wird womöglich den trotzigen Stolz vieler Impfverweigerer brechen. Und vielleicht, so meine optimistische Hoffnung, wird es ganz individuell und unauffällig geschehen, ohne Aufstände und Gewaltaktionen, die das elende, aber vergleichsweise sichere Floß unserer Demokratie am Ende doch noch in Gefahr bringen könnten.

27. Independance Day
Über die Forderung nach einer Perspektive (24. Januar 2021)

Wer meine bisherigen Wortmeldungen gelesen hat, der weiß, dass ich mich um einen moderaten Tonfall bemühe. Die Zeiten sind schwierig, die „Zumutungen" sind enorm, da passiert es leicht, dass der Lautstärkeregler überdreht wird und die Wortwahl misslingt. Das ist nur zu verständlich, aber manchmal auch sehr ärgerlich. Schon ein paarmal flog ich nach einem Fernsehbericht oder einer Zeitungslektüre an den PC, um eine scharfe Erwiderung zu schreiben. Ich habe dann auch ein paar Seiten voller Wut und Aufregung verfasst, die Texte jedoch nicht beendet, geschweige denn publiziert. Darauf bin ich beinahe stolz, denn manchmal ist es schwieriger und anstrengender, die Klappe zu halten als sie aufzureißen.

Mitte letzter Woche habe ich mich dann wieder einmal geärgert; aber erst jetzt, nach ausreichender Abkühlungszeit, unternehme ich den Versuch, meinen Widerspruch möglichst gesittet zu formulieren.

Was war passiert: Unmittelbar hintereinander wurden in einer prominenten Nachrichtensendung des Fernsehens zwei Stellungnahmen von prominenten Oppositionspolitikerinnen des Deutschen Bundestags gesendet. Ich lasse die Namen und Parteizugehörigkeiten weg, denn um die geht es mir nicht. Gerade waren die Beschlüsse zur Fortsetzung des allgemeinen Lockdowns und zur Modifikation („Verschärfung") der Corona-Maßnahmen bekannt geworden; da forderten die beiden übereinstimmend und in ganz ähnlichem Wortlaut, als wäre es abgesprochen, eine „Perspektive" für die Menschen. Um ihnen Sicherheit zu geben. Damit sie planen können.

Das ist durchaus nachvollziehbar. Ich hätte auch gern eine Perspektive und sehr viel mehr Sicherheit, um irgendetwas planen zu können. Wenn es nach mir ginge, hätten die Bundeskanzlerin und die Ministerpräsidentinnen und Ministerpräsidenten einen verbindlichen „Corona-Fahrplan" vorgelegt. Dieser Fahrplan würde die folgenden Daten enthalten:

1. Exakter Termin zur Beendigung des Lockdowns und damit zur Beendigung meines unfreiwilligen Daueraufenthalts im Corona-Elfenbeinturm.

2. Unwiderrufliche Bestätigung meiner höchst optimistischen Buchung einer Ferienwohnung an der holländischen Küste im September.

3. Impftermine für meine Familie und mich inklusive Anfahrtskizze und ggf. Erstattung für die Kosten des ÖPNV.

4. Ort, Datum und Uhrzeit der regionalen Tschüss Corona-Feier, auf der offiziell verkündet wird, dass sich ab sofort und für ewig und drei Tage niemand sich mehr Sorgen um eine eventuelle weitere Pandemie machen muss.

Leider haben die Kanzlerin und alle Verantwortlichen mir diese Perspektive nicht vermittelt. Stattdessen sitze ich weiter in meinem Home Prison und lausche auf die Berichte zum Terraingewinn der neuen Corona-Variante Omikron sowie auf die Berichte vom wegen Nachschubproblemen schleppend vorankommenden Impffeldzug. Meine Perspektive ist nach wie vor die aus dem Fenster im zweiten Stock, und am Horizont sehe ich nicht die Rückkehr zur Normalität, sondern nur ein paar unentschlossene Schneewolken.

Schön ist das wahrlich nicht. Schön ist anders! Und ich habe Verständnis für jeden Menschen, der jetzt zu seiner Mutter oder einer Stellvertreterin läuft und mit Wut und Trotz und Trauer in der Stimme eine „Perspektive" fordert. Ich verstehe, wenn man sich angesichts der Bedrohung durch ein unsichtbares Virus, mit dem man einfach nicht ins Gespräch kommen kann, andere Personen sucht, um sich bei ihnen über die Beschädigung des eigenen Lebens zu beklagen. Zum Beispiel die Kanzlerin. Und ich weiß auch: Es ist ein unschöner, aber bekannter menschlicher Zug, den Überbringer schlechter Nachrichten stellvertretend für die Nachricht totzuschlagen.

Aber sind die radikalen und vom Vorwurf triefenden Perspektiv-Forderungen wirklich sinnvoll und angebracht? Ich habe meine Zweifel. Nach meiner festen Überzeugung werden wir nicht von einer meschuggenen Obrigkeit mutwillig gequält. Wir werden vielmehr angegriffen, wir: die ganze Menschheit, wie in Roland Emmerichs Bombastfilm „Independance Day" aus dem Jahr 1996. Die Angreifer kommen diesmal nicht aus dem Weltall und mit großen Raumschiffen, sondern aus der biologischen Vielfalt unserer eigenen Fauna, und womöglich haben wir selbst sie freigelassen. Jedenfalls unterstützen wir sie tatkräftig bei der Vermehrung. Sie sind wohl nicht „böse" in einem human-moralischen Sinne, sie kämpfen nur, wie Darwin es so wirksam beschrieben hat, um das Überleben und die Ausbreitung ihrer Art. Tatsächlich optimieren sie momentan durch Mutationen ihre Verbreitungsgeschwindigkeit und damit womöglich ihre Fähigkeit, uns noch weiter zu schaden.

Ob sie uns schlussendlich als Gattung vernichten können, so wie die Angreifer in „Independance Day" es planen, weiß ich nicht. Ich hoffe natürlich: Nein. Aber mit der Nachhilfe durch mehrere Dutzend einschlägiger Filme und Bücher kann ich mir einigermaßen vorstellen, was passiert, wenn eine hoch entwickelte Gesellschaft eine dramatische Erhöhung des Krankenstandes in der Bevölkerung erfährt. Ich kann, aber ich will mir eigentlich nicht vorstellen: dass Lieferketten zusammenbrechen, dass die Sicherheit des öffentlichen Verkehrs und die Energieversorgung nicht mehr gewährleistet sind und dass die Angst um das schiere Leben das allgemeine Verhalten diktiert, um es vorsichtig zu formulieren und ein Wort wie Bürgerkrieg zu vermeiden.

Und deshalb will ich persönlich von der Kanzlerin und „der Politik" (ein scheußlicher Ausdruck, der jetzt Mode ist), keine „Perspektive", sondern vor allem Mut und Geschick im Kampf gegen das Virus. Und dieser Kampf wird nicht am Ende irgendeines Fahrplans enden, sondern mit der wie auch immer gearteten Beherrschung der Gefahr. Keinen Tag früher, egal welche Perspektive von wem auch immer vermittelt worden ist.

Ich habe schon mehrmals dargestellt, wie sehr auch ich persönlich unter der Pandemie leide. Unter anderem leide ich darunter, dass mein Beitrag zum Kampf gegen das Virus sich nicht heroischer vollzieht als durch absolutes Stubenhocken und die tägliche Desinfizierung von FFP2-Masken im Backofen. Vielleicht kann unsereiner sich demnächst als Freiwilliger melden, wenn es darum geht, die ungeduldigen Wartenden in der Impfschlange durch lustige kleine Geschichten oder schlüpfrige Witze bei Laune zu halten. Da wäre ich gerne dabei. Aber nie und nimmer werde ich von „der Politik" eine „Perspektive" verlangen. Die Pandemie kann mich arm und traurig machen, aber naiv und blöde macht sie mich nicht.

28. Im Jammertal
Um die Krone der Betroffenheit (4. Februar 2021)

Das Jammertal ist ursprünglich eine Eindeutschung der Bezeichnung für das dürre, wasserarme Gebiet, das die alttestamentarischen Israeliten auf ihrem Weg ins gelobte Land durchwandern mussten. Später, in den religiös geprägten Zeiten unserer Vorfahren, wurde aus dem Jammertal ein Bild für das ganze irdische Dasein des Menschen, das er unter Entbehrungen und in fortwährendem Schmerz durchschreitet, bis ihm durch seinen Tod Erlösung zuteil wird.

Die weit weniger religiös geprägte Gegenwart hat sich von der Vorstellung des menschlichen Lebens als Wanderung durch ein Jammertal weitgehend gelöst. Die Erwartungen an die Zeit zwischen Geburt und Tod sind dramatisch gestiegen. Das ist einerseits erfreulich. Vorbei die Zeit, da einem von der theologischen Obrigkeit mit dem Hinweis auf ein finales Chillen im Paradies die täglichen Sorgen und das tägliche Leid einfach klein- und weggeredet wurden.

Andererseits liegt in der quasi offiziellen und verbindlichen Verwandlung des Jammertals in einen Vergnügungspark eine gewisse Gefahr. Auf diese Art und Weise wird nämlich alles, was im menschlichen Leben unausweichlich ist (Schmerzen, Enttäuschungen, Tod) zur unliebsamen Störung erklärt, für deren Auftreten jedermann/frau zwecks zukünftiger Vermeidung nach Verantwortlichen sucht. Beliebt ist die Besetzung dieser undankbaren Rolle durch die weltliche Obrigkeit. Schuld ist „die Politik". Doch das klappt nicht immer; und letzten Endes fällt dem Menschen, der nach Schuldigen sucht, oft genug die Schuld auf die eigenen Füße. Hätte man nur nicht geraucht, Sport getrieben bzw. keinen Sport getrieben, geheiratet bzw. nicht geheiratet, das Land verlassen bzw. nicht verlassen, besser gelernt bzw. etwas anderes gelernt usw. usw. – dann steckte man jetzt nicht in der Tinte.

Angesichts der immer neu bestätigten und offenbar unverwüstlichen Tatsache, dass keine Selbstoptimierung imstande ist, Leid und Tod vollständig auszuschalten, könnte man nun auf die Idee kommen, die alte Vorstellung vom Jammertal habe womöglich etwas durchaus Entlastendes gehabt. Die Israeliten waren auf ihrem Weg ins gelobte Land jedenfalls nicht schuld an der Dürre ihrer Umgebung. Die hatte ihnen ihr Gott ins

Fahrtenbuch geschrieben, vielleicht als nachdrückliche Erinnerung daran, dass das gelobte Land nicht leicht zu gewinnen ist. Die Vorstellung einer solchen Entschuldung könnte durchaus entlastend sein, zumal für diejenigen, die durch lauter Selbstoptimierung in ein selbst verfertigtes Jammertal geraten sind.

Und jetzt Corona. Man kann momentan zu jedem Zeitpunkt jeden beliebigen Massenkommunikator einschalten und erhält dann sofort den Soundtrack zum Marsch durch das aktuelle Jammertal. Corona hat uns aus dem Paradies des Diesseitigen bzw. aus dem Pseudo-Vergnügungspark verjagt. Und auf das gelobte, also pandemiefreie Land fehlt schmerzlicherweise noch die „Perspektive", nach der so viele verlangen.

Ca. 89,02 Millionen Deutsche sind momentan von der Pandemie betroffen. Das macht ziemlich genau 89,02 Millionen Einzelschicksale; und selbst wenn man die Menschen zu Alters-, Berufs- oder sonst welchen Gruppen zusammenzieht, ergibt das immer noch Abertausende von Gruppen, deren Mitglieder ähnlich – und dann aber auch wieder ganz verschieden – unter der Pandemie leiden. Will sagen, letztendlich lebt jeder in seinem eigenen Jammertal. Glauben Sie mir: Auch ich könnte stundenlang jammern; und natürlich wäre ich es meinem Beruf als Schriftsteller schuldig, so individuell und unverwechselbar zu jammern, dass mein Jammern sich von allen anderen unterscheiden würde.

Aber ich mag nicht so recht. Nicht, dass ich grundsätzlich etwas gegen das Jammern hätte. Im Gegenteil! Die etwas vornehmere Version des Jammerns, das Klagen, ist womöglich einer der Anreize für Literatur schlechthin. Facit indignatio versum, sagt Juvenal. Literatur entsteht aus Entrüstung.

Allerdings habe ich momentan die Sorge, ich könnte mit meinem Jammern an einem immanenten Wettstreit um die höheren Positionen im Pandemiebetroffenheits-Ranking teilnehmen. Ganz automatisch, quasi ohne es zu wollen. Denn wer jammert, will gehört werden. Und wenn um einen herum schon flächendeckend gejammert wird, verführt das dazu, lauter als die anderen zu jammern, um dadurch mehr Aufmerksamkeit (und Unterstützung) zu erhalten.

Bei diesem quasi-sportlichen Wettkampf um das potenteste Jammern werden allerdings leicht Fragen aufgeworfen, die mir höchst überflüssig, wenn nicht gar gefährlich erscheinen. Fragen wie diese: Geht es den Musikern unter Corona besser als den Friseuren, weswegen die Friseursalons früher öffnen sollten als die Konzerthallen? Sind die Kinder im Homeschooling schlimmer dran als die Schauspieler, weswegen die Schulen früher öffnen sollten als die Theater? Stellen geöffnete Kitas eine größere Gefahr für Erzieher und Erzieherinnen dar als geschlossene Kitas für die Kinder? Was ist für einen Schalke-Fan die größere psychische Belastung: dem Niedergang seiner Mannschaft zuzusehen oder ihm nicht zusehen zu dürfen? Gefährden wir unsere Familienmitglieder mehr durch unsere Abwesenheit oder durch unsere Anwesenheit? Etc. etc. ad infinitum.

Ja, wer Leid erfährt, hat ein Recht zu klagen. Wer wäre ich, wollte ich das in Abrede stellen. Aber ich sehe uns im momentanen Corona-Jammertal in der Gefahr, einen universellen Wettbewerb um den Titel des oder der Schlimmstbetroffenen zu führen. Der Kampf um ein Verbots- oder Lockerungs-Ranking sollte aber meines Erachtens besser vermieden werden. Meine vielleicht etwas zu schlicht geratene Begründung dafür lautet: Er bringt nichts. Außer Ärger natürlich.

Ich weiß, die meisten von uns können wenig Heldenhaftes im Kampf gegen den Angriff durch das Virus leisten. Das ist traurig. Man wünschte sich einmal einen „guten" Volkssturm, der wie in Emmerichs „Independence Day" die pandemiehaften Aliens mit Knüppeln vom Planeten vertreibt. Da wäre ich gerne dabei. Aber unsere Verteidigungslinien werden momentan bloß aus medizinischem und wissenschaftlichem Personal sowie aus Menschen in Politik und Verwaltung besetzt. Wir anderen, die große Mehrheit im Jammertal, haben nur unsere kritische Intelligenz und unsere Solidarität beizusteuern, wobei ich mich schweren Herzens dazu durchringe zu sagen, dass die Solidarität momentan womöglich etwas wichtiger ist als die kritische Intelligenz. Zur Solidarität aber sollte gehören, dass wir mit unseren Darstellungen der eigenen – ich sage es einmal diplomatisch: beschissenen Situation weder in einen Wettstreit gegeneinander noch in eine Routine der Schuldzuweisungen abdriften sollten.

Pandemiegewinner 6
Felix, 47, Versicherungsmathematiker

Nein, ich bin nicht soziophob. Obwohl ich noch von Glück sagen kann, wenn Leute mir dieses Wort an den Kopf werfen und nicht gleich den Soziopathen auspacken. Soziophob klingt ein bisschen, wie soll ich sagen, ein bisschen schonender. Jedenfalls ist es nicht so ein Totschläger wie Soziopath. Den ich mir allerdings gelegentlich auch anhören darf.

Und dann natürlich, wie sollte es anders sein: Autist. Seit diesem Film mit Dustin Hoffman weiß ja nun wirklich jeder westliche Mensch, was ein Autist ist. Und mittlerweile ist es fast schon die Regel, dass man Leute als Autisten bezeichnet, bloß wenn sie ein bisschen weniger messy sind als der Durchschnitt. Oder Leute wie mich, die – um Gottes Willen! – ganz gerne allein sind.

Momentan noch beliebter als Autist ist allerdings Asperger. Asperger ist der totale Renner. Das ist ein Wort, mit dem man seinem Mitmenschen eins über den Schädel ziehen kann, also im übertragenen Sinne natürlich, und dabei gleichzeitig als gebildet und achtsam dasteht. Als Woker! (lacht) Ich bin mir sicher, seit Asperger dermaßen Mode ist, durchforsten die Leute regelmäßig ihren Bekanntenkreis, um zu entscheiden, wem sie demnächst mit dieser Diagnose eins auswischen sollten.

Als es bei mir anfing, das heißt als die Leute anfingen, mir mit ihren Charakterurteilen über meine Person auf den Geist zu gehen, war von dem ganzen Psychokram noch nicht so viel die Rede. Außerdem bin ich auf dem Dorf großgeworden, und da hießen Kinder wie ich noch Stubenhocker oder Langweiler, Spaßbremse, Laumeier. Oder Kalmäuser, was heute kaum noch jemand kennt. Und die Therapievorschläge beschränkten sich im Wesentlichen auf den Satz: Der Junge muss mal raus an die frische Luft.

Was allerdings nicht heißt, meine Kindheit wäre eine gute Zeit für mich gewesen. Im Gegenteil! Ich höre mir natürlich lieber dieses ganze möchtegernpsychologische Gerede an, als von irgendwelchen Wozuauchimmerberechtigten in bester Absicht runter auf die Straße und in die Fänge des Mobs gejagt zu werden. Nein, vielen Dank. Ich bin natürlich tausendmal lieber ein erwachsener soziophober Nerd als ein armer kleiner

Stubenhocker, der zum Zwecke seiner psychischen Gesundung an die gehirnamputierten Schläger von nebenan ausgeliefert wird.

Und um es in aller Deutlichkeit zu sagen: Ich bin, im Gegensatz zu vielen in meiner Generation, gerne erwachsen. Erwachsen zu sein bedeutet für mich, dass ich in meinem Zimmer sein kann, ohne dass jeden Moment die Tür aufgeht und jemand unerfreuliche Gutachten über meinen Charakter vorträgt oder dunkle Prognosen über meine Zukunft anstellt. Natürlich tut es mir leid, dass ich meinen Eltern keine Schwiegertochter und keine Enkelkinder besorgt habe. Aber das haben meine Brüder und Schwestern getan. Zur Genüge übrigens, wie ich hinzufügen möchte. Der Genpool meiner Eltern wird sich in die Zukunft reproduzieren, und zwar mit sehr viel Geschrei und starken Willensäußerungen, besonders bei gemeinsamen Mahlzeiten im Familienkreis. Da bin ich nun wirklich aus der Pflicht.

Ja, erwachsen zu sein bedeutet für mich vor allem, dass ich meinen Lieblingszustand, nämlich allein zu sein, nicht dauernd verteidigen muss. Und Sie werden es sicher schon erraten haben: Ich bin Single. Ich habe das nicht „gewollt"; das hat sich auch nicht „zufällig so ergeben" – nein, das ist einfach eine natürliche Folge meiner Veranlagung. Jedes Lebewesen hat sein ihm angestammtes Biotop, und meines ist nun mal eines, in dem außer mir niemand sonst ist. Infolgedessen führe ich als Single ein „richtiges" Leben, jedenfalls ein angemessenes. Und wenn man bedenkt, dass mittlerweile mehr als die Hälfte der Leute, die einmal geheiratet haben, sich wieder scheiden lassen, weil es eben nicht „richtig" für sie war, dann gehöre ich ja wohl nicht zu den Loosern. Oder?

Von Beruf bin ich übrigens Versicherungsmathematiker. Richtig, der Traumjob für soziophobe Nerds. Sie dürfen jetzt gerne mal ganz lange und laut lachen. Oder besitzen sie vielleicht die Höflichkeit, mich zu fragen, was ich da mache?

Nun, um es auf den Kern herunterzubrechen: Ich ermittle Wahrscheinlichkeiten; und als Resultat aus meinen Berechnungen ergibt sich zum Beispiel, dass Sie, wenn Sie in einem bestimmten Ort in Deutschland von einem Cabrio auf einen SUV umsteigen, in diesem Jahr etwas weniger für ihre Versicherung bezahlen, während es im letzten Jahr ein bisschen teurer geworden wäre.

Klingt langweilig, oder? Ja, genauso langweilig wie die Partie Lasker gegen Capablanca, Petersburg 1914. Vorausgesetzt, man interessiert sich nicht für Schach. Tut man es doch, dann kann man sich daran mehr begeistern als andere Leute an sechs Dutzend Hollywoodfilmen. Und ich interessiere mich nun einmal für Zahlen.

Aber ich habe mich verplaudert. Verzeihung! Ich sollte ja über Corona sprechen. Nun, was soll ich sagen? Dass es mich nicht betrifft? Das sage ich besser nicht. Damit mache ich mich nämlich nicht beliebt. Allerdings, der Wahrheit die Ehre: Es stimmt. Ich arbeite seit Jahren im Home Office. Eigentlich habe ich immer schon im Home Office gearbeitet, spätestens seit dem Abitur. Meine Aufgaben bekomme ich durchs Netz, in Form von Daten, mit denen ich rechne, und die Ergebnisse meiner Berechnungen schicke ich wieder durchs Netz an die Zentrale. Wenn dort jemand mit mir sprechen will, ruft er mich an. Aber ich werde nicht oft angerufen. Ich muss jetzt auch nicht zoomen. Die verantwortlichen Leute bekommen meine Daten, und was sie dann entscheiden, damit habe ich nichts zu tun. Also gilt für mich: keinerlei berufsbedingte Ansteckungsgefahr.

Dass ich alleine lebe, habe ich schon gesagt. Woraus sich ein noch weiter dramatisch gesenktes Infektionsrisiko ergibt. Mir trägt niemand ein Virus ins Haus, das dann mit mir kuscheln kann. Und wenn Sie vermutet haben, dass ich in keinem Sportverein bin, in keiner Wanderergruppe, keinem Kegel- oder Fanclub oder dergleichen, dann haben Sie richtig vermutet. Meine Abende verbringe ich nicht in „feuchtfröhlicher Runde", und niemand rückt mir im verschwitzten Sportleibchen auf den Pelz. Dumm für Corona.

Bleiben noch die notwendigen Einkäufe. Aber die halten sich bei mir in engen Grenzen, wenn es darum geht, ihretwegen das Haus zu verlassen. Kochen zum Beispiel ist nicht so mein Ding. Bisher gab es dafür den Pizzaboten und das China-Taxi, seit Corona gibt es neue Lieferdienste mit stark erweiterter Auswahl, und der Getränkeservice bringt jetzt auch Lebensmittel. Und die sonstigen Einkäufe? Ich sage das in aller Deutlichkeit: Ich bin Internet-Käufer seit der allerersten Stunde, und ich komme damit blendend zurecht. Wer das nicht tut, für den habe ich nicht viel Verständnis. Mit einem PC auf dem Schreibtisch befindet man sich im größten Warenhaus der Welt, wobei erfreulicherweise die anderen Leute fehlen, die einen anrempeln oder hinter denen man sich an der Kasse die Beine in den Bauch steht. Ich fand das von Anfang an grandios. Und jetzt erst recht!

Laut sagen durfte man das ja bislang nicht. Jedenfalls nicht überall. Amazon und Konsorten sind bekanntlich böse! Doch unter Corona ist das anders geworden. Denn jetzt machen alle mit, natürlich nur unter Zwang, ja klar, aber ich lese jetzt immer öfter, dass das Kaufen im Internet womöglich kein böswilliger Vernichtungsfeldzug der Soziopathen und Autisten gegen den Einzelhandel ist, sondern ganz einfach das, was alle Leute in Zukunft machen werden. So, wie die Leute vor hundert Jahren vom Pferd aufs Auto umgestiegen sind. Das ging damals auch nicht gegen die Pferde persönlich.

Ja, ich weiß! Sie wollen schon seit einiger Zeit mit dem Satz raus, also sag ich ihn für Sie: „Corona-Zeit ist Paradieseszeit für Soziophobiker, Autisten und Nerds." Stimmt! Endlich machen wir Idioten mal alles richtig. Bleiben schön zu Hause, beschäftigen uns nur mit Sachen, die mausetot sind oder gar nicht wirklich existieren und jedenfalls nicht infektiös sind. Und mehr noch: In der Corona-Zeit ist der Stubenhocker sogar das role model für den Rest der Gesellschaft. Das leuchtende Vorbild! Wofür man uns früher verspottet und verachtet hat, dafür bekommen wir demnächst vielleicht das Corona-Kreuz, einen Orden für Menschen, die sich in der Pandemie besonders um die Gesellschaft verdient gemacht haben, indem sie sich nicht in Gesellschaft begeben haben. Lang lebe der Stubenhocker!

Ich kenne diese Gedanken. Und ich höre sie gelegentlich ausgesprochen, mir gegenüber. Seit Corona stehe ich nämlich, jedenfalls für meine Verhältnisse, geradezu im Mittelpunkt des Interesses. Ohne darum gebeten zu haben, werde ich in WhatsApp Gruppen aufgenommen; und dann melden sich sogenannte Bekannte bei mir, Leute, zu denen ich wer weiß wie lange keinen Kontakt mehr hatte, nur um mich zu fragen, wie gut *ich* denn mit der neuen Lage zurechtkomme. Dabei sind das natürlich keine richtigen Fragen. Die Leute wollen nur, dass ich sage, wie glücklich ich jetzt darüber bin, endlich kein Außenseiter mehr zu sein. Und das sage ich dann auch, möglichst lustig und aufgekratzt, damit dieses blöde, smileyflankierte Gequatsche so schnell wie möglich beendet ist.

Aber, Ihnen im Vertrauen gesagt: Ich lüge. Ich bin nämlich gar nicht glücklich darüber, kein Außenseiter mehr zu sein. Und zwar aus zwei Gründen.

Grund Nummer eins: Diese Pandemie wird vorbeigehen. Hoffentlich. Und ich bin mir ganz sicher, sie wird genug Menschen zurücklassen, die dann mit einer bis ins Frenetische und Apokalyptische gesteigerten Begeisterung die Fußballstadien, die Konzertsäle, die Diskotheken und die Marktplätze füllen werden. Sie werden einander beständig drücken und knutschen, sie werden tausend Hände am Tag schütteln und dreitausend Wangenküsse verteilen, richtig nasse, nicht nur so hingehauchte, und sie werden im Fünfminutentakt Verabredungen treffen, bei denen sich noch mehr von ihnen auf noch engerem Raum drücken und drängen und knutschen und küssen können. Die ganze Welt wird ein einziger, ununterbrochener Flashmob mit Körperkontakt sein. Und ich, ich werde dann wieder der Stubenhocker sein, der soziophobe Außenseiter, über den man sich mit einer neuen und noch viel umfassenderen Lizenz lustig machen kann. Wer weiß, vielleicht gibt es dann sogar Pogrome gegen Leute wie mich.

Nein. Entschuldigung. Das war natürlich nur ein Scherz. Haha. Aber der zweite Grund, der ist echt. Vorsicht, es wird jetzt ein bisschen philosophisch. Also: Wer gerne alleine ist, dem könnte es eigentlich, vollkommen schnuppe sein, was die anderen tun und warum sie es tun, solange sie es nur ohne ihn tun. Aber! Ich sage Ihnen, es ist ihm nicht schnuppe. Denn wenn alle dazu verdonnert werden, so allein zu sein wie er, und er plötzlich gezwungen wird, allein zu sein, obwohl er es schon freiwillig ist, dann ist es schnell mal aus mit der Freude am Alleinsein. Wenn alle alleine sind, ist es keiner mehr.

Mit meiner Freude am Alleinsein ist es jedenfalls seit Corona vorbei. In einer Welt voller Stubenhocker will ich kein Stubenhocker mehr sein. Für mich war das Alleinsein mein Lebtag lang ein Akt der Verweigerung. Ich habe den Fußballverein verweigert, die Diskotheken, die Demos, die Clubs und die Zweisamkeit in jeder ihrer Spielarten. Ich bin, was ich bin, indem ich allein bin, und zwar freiwillig. Freiwillig! Corona aber hat meine Widerstandsakte in eine Anpassungsorgie verwandelt.

Und wissen Sie, was? Seit Kurzem spüre ich das aberwitzige Verlangen, meine gut aufgeräumte und glänzend durchorganisierte Wohnung zu verlassen, auf die Straße zu laufen, ohne Maske natürlich, und gegen irgendeine Distanzregel zu verstoßen. Vielleicht sogar, indem ich der nächstbesten Frau, die infrage kommt, um den Hals falle und ihr einen Heiratsantrag mache.

Sie sagen jetzt, da würde ich mir zu einem Strafzettel auch noch einen Korb holen? Seien Sie sich nicht so sicher. Ich könnte mir gut vorstellen, dass die Frau Ja sagen wird. Und das meine ich ganz im Ernst. Denn ich werde ihr etwas anbieten können, das kein Mann meines Alters einer Frau anbieten kann. Nicht Liebe oder Luxus, das ist banal. Ich aber habe etwas anderes, etwas Seltenes und Wunderbares zu bieten: einen gewaltig großen, freien Raum, den diese Frau besetzen, den sie möblieren und ausschmücken und in dem sie heimisch werden könnte. Es ist der Raum meines ganzen ungelebten Lebens.

Aber wahrscheinlich bleibe ich wieder zu Hause.

29. Resultat des Einspruchs
Germany's next Topmodel by diversity (10. Februar 2021)

Vor etwa zehn Monaten hatte es mich als Folge eines durch Corona be-
dingten Zeitüberschusses in die fünfzehnte Staffel der populären Castingshow „Germany's next Topmodel" (GNTM) verschlagen. Unmittelbar
nach deren Finale im Mai habe ich meine zum großen Teil negativen Erfahrungen mit diesem „Format" in fünf Thesen zusammengefasst.
Sie lauteten:
1. GNTM zeigt die klassischen Strukturmerkmale der Diktatur, indem es
Gesetzgebung, Rechtsprechung und Exekutive in die Willkür eines einzigen Menschen stellt. Frau K. allein sagt, wie man als Model gehen und
aussehen muss, wer das nicht getan hat und deswegen ausscheiden muss.
2. GNTM betreibt Urteilsfindung als Schauprozess mit dem Ziel, die An-
geklagten dazu zu bewegen, ihr Fehlverhalten öffentlichkeitswirksam einzugestehen und damit die Diktatur zu bestätigen.
3. GNTM ist durch und durch manipulativ, indem es die Lebensäußerungen der Kandidatinnen in einen Pool von Szenen und Zitaten verwandelt,
aus dem am Schneidetisch „Geschichten" gebaut werden, die überhaupt
keinen Bezug zur Realität haben müssen.
4. GNTM gefährdet wissentlich seine Kandidatinnen, indem es sie zu einem Verhalten verführt, das möglichst viele und möglichst starke Reaktionen beim Publikum hervorruft, und ihnen diese Reaktionen gleichzeitig
vorenthält, sodass sie keine Möglichkeit haben, darauf zu reagieren.
5. GNTM verrät die Emanzipation, indem es seinen Kandidatinnen gebetsmühlenhaft einredet, es gehe um ihre Persönlichkeit, und sie gleichzeitig darauf konditioniert, sich dem Kommando von Funktionären aus
Medien und Wirtschaft zu unterwerfen.

Für ausführlichere Erläuterungen zu diesen Thesen verweise ich auf
den entsprechenden Text in diesem Buch (6. Frucht der Langeweile).

Letzte Woche war es nun soweit: Die sechzehnte Staffel von GNTM
begann. Aber warum saß ich vor dem Bildschirm, da ich doch der Ansicht
sein durfte, diese perfide Veranstaltung ein für alle Mal intellektuell durchdrungen zu haben?

Nun, ich saß dort aus demselben Grund, aus dem die jungen Kandidatinnen sich der Veranstaltung überantwortet hatten: aus Eitelkeit. Denn

ich wollte doch einmal sehen, wie meine fundierte Abstrafung das Format getroffen hatte. Und siehe da: Sie hatte! Unter dem Schlag meines Diktaturvorwurfs hatte GNTM tatsächlich gewankt, deutlich erkennbar an seinen aktuellen Versuchen, wieder etwas Standfestigkeit zu gewinnen.

Natürlich war die Diktatorin K. dabei so verfahren, wie es Diktaturen eigen ist. Wirft man ihnen Unterdrückung, Ausgrenzung, Willkür und Selektion vor, so organisieren sie ein „Event", das all diese Vorwürfe möglichst prächtig und massenwirksam entkräften soll. Sie veranstalten zum Beispiel Wettbewerbe, die ganz im Zeichen von Völkerverständigung, sportlicher Fairness und gegenseitigem Respekt stehen sollen, und lassen die ganze Sache möglichst intensiv abfilmen, damit sich aus dem Material mit etwas Geschick eine Apotheose der Veranstalter basteln lässt. (Bemerkt man, auf welches prominente Beispiel ich hier anspiele? – Richtig.)

Und das ist auch schon die Kurzbeschreibung der ersten Folge vom letzten Donnerstag. In der sonnte sich Frau K., die wie eine große und eigentlich unnahbare Herrscherin erst spät auf dem Plan erschien, nach Kräften im Glanz der Göttin „Diversity", die über alle Kritik und Zweifel erhaben ist. Ihnen, also der Göttin sowie Frau K., huldigten einunddreißig junge Frauen, die man aus 17.000 Bewerberinnen offenbar weniger nach ihrer Qualifikation zum Model (wie habe ich das alte Wort Mannequin geliebt!) und vielmehr unter dem Kuratel der Vielfalt ausgewählt hatte. Folglich musste schon aus Gründen des Proporzes auch mindestens eine darunter sein, die so wenig in der Lage war, auf Stöckelschuhen zu laufen, wie ich es wäre. Doch kaum hatte man die arme Frau an genau dieser Eigenschaft identifiziert, war sie auch schon wieder abgetan und weggeschickt. Wer in dem ganzen Kuddelmuddel aus langen Haaren, schönen Augen, „O my God" und „krass" und „nice" nicht ganz den Überblick verlor, konnte auch noch mitbekommen, dass die Vertreterin der Gruppe „Viel zu klein für ein Model" ebenfalls sang- und klanglos verabschiedet wurde.

Doch gingen solche für das Format typischen, ja, geradezu obligatorischen Gemeinheiten weitestgehend unter in der allgemeinen Huldigung an die Göttin Vielfalt. Eine junge Frau ist aus Syrien geflohen, eine hat schlimme Narben, eine ist gehörlos. Eine andere war einmal eine selbstvergessene Influencerin und tritt jetzt bei GNTM an, nachdem sie zu ihrem eigentlichen (also analogen?) Ich zurückgefunden hat. Eine fällt leicht in Ohnmacht, eine andere ist schwarz und wieder eine ist – keine Sorge, ich kenne das Wort, mit dem man nicht ganz gertenschlanke Menschen heutzutage nicht beleidigt. Obelix bestand noch auf „untersetzt". Heute heißt das „curvy".

Alles ganz famos! Und wer sollte jetzt in der Lage sein, darauf zu verzichten, den Fortgang dieser in sich endgültig vollkommen widersprüchlichen, heuchlerischen und bigotten Veranstaltung atemlos zu verfolgen? Ich bin es nicht! Meine Neugier ist geweckt. Die Diktatresse K. wird jetzt, wenn sie der Göttin Vielfalt weiter gehorchen will, den bislang für unmöglich gehaltenen Beweis erbringen müssen, dass man Äpfel doch mit Birnen und überdies mit Zwetschgen, Aprikosen, Kartoffeln und Brokkoli vergleichen kann. Die große Frage ist: Wird eine junge Frau in Zukunft das neue Topmodel werden, wenn sie imstande ist, restlos in der kommunen Vorstellung vom Model aufzugehen, oder wird sie es, indem sie ihre vollkommen unvergleichliche Individualität und Geschichte zum Ausdruck bringt? Einstein hat bewiesen, dass Parallelen sich in der Unendlichkeit schneiden. Frau K. wird jetzt den Beweis antreten müssen, dass die Quadratur des Model-Kreises gelingen kann: die absolute Identität von radikaler Individualität und totaler Anpassung.

Das große Zauberwort bei diesem Zaubertrick, mitgebracht vom Gastjuror Thierry Mugler, der aussah wie der Kriegsgott Mars im Fitnessraum, heißt übrigens „Attitude", deutsch am ehesten: Haltung. Und nun wird sich erweisen, ob Attitude in der Lage ist, lange Beine und Körperbeherrschung zu übertrumpfen sowie die Fähigkeit, auch angesichts der größten Demütigung zu lächeln. Oder könnte es sein, dass es nur eine Attitüde ist, wenn Frau K. Attitude in den Himmel hebt, auf den begehrten Platz gleich neben sich selbst? Schließlich ist Frau K. der Inbegriff der Anpassung, da sie die Unterwerfung gleichermaßen passiv wie aktiv betreibt.

Ich bleibe also dran. Schon aus Verantwortungsgefühl. Denn ich allein bin schuld daran, wenn Pro 7 und Frau K. jetzt versuchen, sich mit den superolympischen Spielen der Vielfalt meiner Kritik zu entziehen. Also habe ich die Verpflichtung, weiterhin meinen Finger in die Wunden von GNTM zu legen, da es sie jetzt zu den Merkmalen wahrer Schönheit umlügen will.

30. Induzierte Depression
Über einen unfreiwilligen Selbstversuch (21. März 2021)

Ich habe einmal von einer Therapie gehört, die folgendermaßen funktioniert: Man lässt Menschen, die sich in einem Stimmungstief befinden, laut und anhaltend lachen. Die Idee dahinter ist, dass der Geist, wenn der Körper die Laute der Freude hervorbringt, selbst in einen freudigen Zustand gerät. Ich habe das, als ich erstmals davon hörte, für ziemlich albern gehalten, habe aber immer wieder darüber nachgedacht und nach Beispielen zur Bestätigung oder Widerlegung dieser Verbindung zwischen Geste und Gefühl gesucht.

Ein Beispiel: Gerate ich, wenn ich mich festlich kleide, in eine festliche Stimmung? Das ist nicht ganz von der Hand zu weisen und würde womöglich die Kleidervorschriften bei gewissen Veranstaltungen als Maßnahme zur Harmonisierung der allgemeinen psychischen Verfassung erklären. Staatstragende Gesinnung durch den Frack, emotionale Hingabe durch das Brautkleid. Oder: Produziert die militärische Uniform uniforme Gefühle? Aus meiner Erinnerung sage ich: O ja! Auch hat wohl jeder schon einmal die Erfahrung gemacht, dass Gähnen oder Weinen „ansteckend" sind und beim „Infizierten" die entsprechenden Gefühle auslösen.

Seit einem Jahr nun befindet sich, wenn man so will, eine verdammt große Menge der Weltbevölkerung (zu der auch ich gehöre) in einem psychologischen Experiment, bei dem es unter anderem um den Nachweis eines Zusammenhangs zwischen Verhaltensformen und psychischem Zustand geht. Bei dem psychischen Zustand handelt es sich um die weidlich bekannte Depression.

Woran ist deren Vorhandensein normalerweise zu erkennen? Mehr oder weniger eindeutige Erkennungszeichen dafür, dass eine Person (P) an einer Depression leidet, sind die folgenden:

P kommt morgens nur schwer aus dem Bett. Schlimmer noch: Er sieht sich auch dann, wenn ihn der kleine gelbe Sonnenschein durch die einzige Ritze zwischen den Rollläden hindurch an der Nase kitzelt und ihm dabei die ganze Schönheit der Welt verspricht, nicht dazu veranlasst, etwas anderes zu tun, als sich umzudrehen und sich die Decke über den Kopf zu ziehen. Steht P dann irgendwann doch noch auf, wechselt er vom Schlafanzug allenfalls in den Jogginganzug, vorausgesetzt, er hat nicht schon im

Jogginganzug geschlafen. Die Morgentoilette reduziert er auf das Notwendigste oder lässt sie vollkommen ausfallen. An Nahrungsaufnahme ist er entweder vollkommen uninteressiert, oder er übertreibt sie und bevorzugt dabei Nahrungsmittel, die nicht zur Tageszeit passen und darüber hinaus seiner Gesundheit schaden. Den Rest des Tages verbringt er damit, nichts zu tun. Er weigert sich, das Haus zu verlassen, sei es, um einer geregelten Tätigkeit nachzugehen, sei es, um ein Hobby zu pflegen. Er unterhält keine echten und fruchtbaren sozialen Kontakte, schlimmer noch: Er geht ihnen aus dem Weg. Das Telefon lässt er läuten oder stellt es ab. Befragt man ihn nach dem Grund für dieses Verhalten, sagt er wahrscheinlich, dass alles menschliche Tun und Trachten auf Erden seiner festen Überzeugung nach vollkommen sinnlos sei und dass Gespräche mit anderen eigentlich immer denselben Inhalt hätten und ihn entweder langweilten oder aufregten. Trotz oder wegen seiner allumfassenden Untätigkeit fühlt sich P abends abgespannt und zerschlagen, aber da er nicht darauf hoffen darf, bald Schlaf zu finden, gibt er sich Tätigkeiten hin, die, oberflächlich betrachtet, anregend zu sein scheinen, sich tatsächlich aber in der geistlosen Wiederholung der immer gleichen Handlungen und Wahrnehmungen erschöpfen. (Fernsehen, Computerspiele etc.)

Soweit P, der oder die Depressive. Das weltweit stattfindende Experiment, von dem ich eingangs sprach, besteht nun darin, einer nach Maßgabe sozialwissenschaftlicher Standards exorbitant großen Menge von Probanden ein Leben aufzudiktieren, das in seinen äußeren Erscheinungsformen dem Leben der Depressiven außerordentlich ähnlich ist. Und das geht so:

Man lässt die Betreffenden nicht aus dem Haus, indem man ihre Betätigungsfelder schließt. Selbst wenn sie arbeiten wollten und mit Macht danach strebten, so dürften und könnten sie nicht. Zusätzlich erlegt man ihnen auf, ob ihrer Beschäftigungslosigkeit nicht etwa die Existenz eines fröhlichen Nomaden oder Vagabunden anzunehmen, sondern hübsch fein zu Hause zu bleiben. Sie haben also morgens angesichts des kleinen Sonnenstrahls nur wenig Veranlassung, das Bett zu verlassen. Übertags tragen sie meistens Jogginganzüge, denn es wäre ja Unsinn und Verschwendung, Anzug oder Kostüm anzulegen, um darin sechzehn Stunden auf dem Küchenstuhl oder im Wohnzimmersessel zuzubringen, bzw. wieder im Bett. Ein Großteil der Betätigungen, mit denen die Probanden für gewöhnlich ihre freie Zeit füllen (Sport, Kultur etc.), wird untersagt, um das Zuhausebleiben nach Möglichkeit absolut zu setzen. Und schließlich – aber nicht zuletzt! – wird der direkte Kontakt zu Mitmenschen zwar nicht vollständig untersagt, aber nachdrücklich als gefährlich, ja geradezu toxisch beschrieben. Und was Telefonate oder digitale Kontakte angeht, so werden sie durch ihre Fokussierung auf ein einziges Thema schnell zur Qual. Es bleibt den Probanden letzten Endes nur der Konsum von Streaming-Serien, deren Charakter einer Wiederholung des Immergleichen von ihrer bunten Gestaltung notdürftig verdeckt wird.

Und jetzt die große Frage, die dem Experiment zugrunde liegt: Werden Menschen, die man über Wochen und Monate dazu zwingt, sich zu verhalten wie Depressive, auch tatsächlich depressiv? Wenn das befohlene Lachen den Geist aufmuntert, was macht dann das befohlene Liegenbleiben und Schweigen mit ihm?

Ich, als einer der Probanden, ahne die Antwort.

31. Vom Besserwissen
Rückblicke auf meine ersten Texte über Corona (29. März 2021)

Die Zahl elf gilt in unserem Kulturkreis nicht unbedingt als jubiläumsfähig. Aber in einer Zeit der Verstörung aller Routinen erlaube ich mir, nach elf Monaten ein paar kurze Rückblicke auf meine ersten Texte zum Thema Corona aus dem Frühjahr 2020.

Im allerersten, „Besser blind? Corona versus Pest" vom 17. April, hatte ich als ein Hauptproblem von Covid 19 seine Selektivität bezeichnet. Der eine erliegt der Infektion, der nächste hat eine kleine Grippe, wieder ein anderer spürt sie gar nicht. Dabei erfolgt die Auswahl offenbar nicht durch den reinen Zufall, es gibt deutlich mehr und weniger gefährdete Menschen, das Alter spielt die wohl entscheidende Rolle.

Ich habe mir damals Widerspruch eingehandelt. Ich solle die Seuche nicht wählerischer und damit klüger oder böser machen als sie ist, hieß es. Ich wollte das auch einsehen; aber fast ein Jahr später scheinen mir die extrem unterschiedlichen Haltungen, die die Menschen je nach Grad ihrer persönlich empfundenen Gefährdung der Pandemie gegenüber einnehmen, ein wesentliches Problem bei ihrer Bekämpfung zu sein. Drastisch formuliert: Hätten alle berechtigterweise gleich große Angst um ihr Leben, so wären wirksame Maßnahmen zum Infektionsschutz wahrscheinlich viel besser durchzusetzen. So aber erleben wir einen Meinungsstreit, in dem es keine echte Lösung geben kann, solange die Aspekte „Schutz des Lebens", „Schutz der Gesellschaft" und „Schutz der Ökonomie" mehr oder minder gleichrangig eingeschätzt werden. Wäre Corona die Pest, würde wohl kaum einer den allerhärtesten Lockdown infrage stellen, der, wenn ich den Epidemiologen Glauben schenken darf, der Seuche zuverlässig den Garaus machen würde. Corona ist allerdings nicht so gefährlich wie die Pest; und womöglich macht das paradoxerweise einen Teil seiner Gefahr aus.

In „Die Maske. Physiognomik der Verhüllung" vom 26. April 2020 war ich noch geneigt und imstande, den Mund-Nasen-Schutz auf eine eher intellektuelle, verhaltenspsychologische Art und Weise zu betrachten. Inzwischen sage ich lieber: Die Maske stinkt mir. Besser noch: Ich stinke mir in ihr. Mehr möchte ich dazu eigentlich gar nicht sagen. Nur dies noch: Einer der wenigen angenehmen Nebeneffekte meiner Verbannung ins Home Prison ist, dass ich die Maske nur wenige Minuten am Tag tragen muss.

In „Schicksalssatt" vom 9. Mai 2020 hatte ich das Leben meiner Großeltern Revue passieren lassen, ein Leben von etwa fünfundsiebzig Jahren, das mindestens zur Hälfte in Zeiten stattfand, die sich mit denen der Corona-Pandemie durchaus messen konnten, wenn sie nicht sogar gefährlicher, depravierender und demütigender waren. Dagegen hielt ich mein eigenes Leben, in dem fast ausschließlich ich selbst (bzw. mein Körper) für existenzielle Bedrohungen gesorgt hat, während ich ansonsten durch Bildungssystem, Gesundheitssystem, Versicherungssystem etc. befördert, behütet und bewahrt wurde.

Wenn ich allerdings im letzten Jahr gesprächsweise auf die „Normalität des Schreckens" im Leben selbst unserer unmittelbaren Vorfahren aufmerksam gemacht habe, brachte mir das oft den Vorwurf des „Biafra-Arguments" ein, gegen das ich mich als Kind selbst verwahrt hatte. Damals hieß es: „Iss dein Gemüse! Denk an die Kinder in Biafra, die haben gar nichts zu essen." Dieses Argument war irgendwie falsch, und es machte auch das Gemüse nicht schmackhafter. In Analogie dazu gelingt es mir heute nie, Menschen, die ökonomische Einbußen fürchten, damit zu trösten, dass ihre Eltern und Großeltern in Schützengräben und Bombennächten um ihr Leben zu fürchten hatten. Offenbar ist Demut unter Corona nicht leichter zu finden als sonst.

Allerdings muss ich zugeben, dass ich mich für das Versagen meines Biafra-Argumentes in letzter Zeit schäbig räche. Dabei helfen mir die Schlagzeilen in der BILD-Zeitung, wenn sie gerade mal wieder eine Apokalypse für den nächsten Dienstag ankündigen. Unlängst wurde dort vor einer Corona-Mutation gewarnt, gegen die eine Impfung nicht mehr helfe. Mit Hinweis darauf habe ich jetzt bereits ein paar Mal beiläufig erwähnt, dass man sich nicht so sehr über Corona bzw. die Maßnahmen dagegen beschweren solle, da man doch immerhin die Chance vor Augen sehe, dem Untergang der gesamten Menschheit beiwohnen zu können. Worüber Generationen vor uns nur spekuliert und dem sie ganze Gedankengebäude (Religion) gewidmet hätten, das dürften wir womöglich mit eigenen Augen erleben, ähnlich wie die Statisten in den Weltuntergangsfilmen aus Hollywood, nur eben ganz real.

Die Wirkung, die ich mit solchen Gesprächsbeiträgen erreiche, liegt freilich auch nicht in einer Steigerung von Demut oder Langmut. Aber sie ist ganz schön kräftig. Ich ernte viele perplexe Reaktionen; und zu denen gestatte ich mir dann ein böses Grinsen, das hinter meiner Maske natürlich niemand zu sehen bekommt.

140

In „Geisterspiele" vom 18. Mai 2020 hatte ich die Abwesenheit der Zuschauer bei Fußballspielen beklagt, weil meiner Meinung nach erst die Interpretationsleistung der Menschen im Stadion der sportlichen Betätigung auf dem Rasen ihre Bedeutung und ihre Mythenfähigkeit und damit genau das verleiht, womit die Branche gewaltige Summen umsetzt.

Inzwischen ist fast eine ganze Saison mit solchen Geisterspielen in allen Ligen absolviert. Mir persönlich ist vom Fußball in dieser Zeit ein ganzes Stück abhandengekommen, und das, obwohl ich kein regelmäßiger Stadionbesucher bin. So kommt es vor, dass ich am Samstagnachmittag das kleine Radio, das mich seit Jahrzehnten in diesen Stunden begleitet, mitsamt der verzweifelt begeisterten Kommentarstimme irgendwo stehenlasse. Und noch häufiger schwänze ich die Sportschau oder zeichne sie auf, um sie mir dann gar nicht anzusehen. Ich möchte meine damalige These daher ganz leidenschaftlich wiederholen und betonen: Fußball ist, was die Zuschauer daraus machen; ohne Zuschauer verliert er dramatisch an Substanz.

32. Zweimal Kopfschmerzen
Ein Rätsel (18. April 2021)

Ich schildere im Folgenden zwei Kopfschmerzattacken, die mich selbst einmal getroffen haben.

Der erste Kopfschmerz: Er überfiel mich im Laufe der Nacht. Ich wachte auf. Es fühlte sich an ‚als befände sich an der Stelle meines Kopfes etwas anderes, das sich über die Funktionen meines eigentlichen Kopfes lustig machte. Den Rest der Nacht lag ich wach und versuchte, darüber nachzudenken, was ich als nächstes tun sollte. Ohne Ergebnis.

Irgendwann am Morgen, der unendlich langsam heraufgezogen war, schaffte ich es ins Badezimmer, auf allen Vieren, sicherheitshalber, um den Kopf (oder dessen höhnischen Ersatz) nicht allzu weit über den Fußboden zu bringen, in der Sorge, er könnte bei einem Sturz aus mehr als zwanzig Zentimetern Höhe schwer beschädigt werden. Im Badezimmer wuchtete ich meinen Oberkörper über den Rand der Badewanne, um heißes Wasser einzulassen, und folgte dann irgendwie dem Strom in das schmerzhaft blendend weiße Emaille. Die positive Empfindung, das heiße Wasser tue mir irgendwie gut, wurde leider sofort konterkariert durch die Angst, ich könnte es nicht mehr aus der Badewanne hinaus schaffen. Als ich es (nach wie langer Zeit?) doch schaffte, fehlt mir die Kraft, vor Glück zu weinen. Ich kroch wieder ins Bett, und dort verging die Zeit ohne mein Zutun. Irgendwann, da hatte sich die Dunkelheit schon wieder auf die Erde gesenkt, bemerkte ich, dass mein richtiger Kopf wieder an der alten Stelle saß. Allerdings tat auch er höllisch weh. Ich nahm Tabletten, und im Laufe der schlaflosen Nacht ließ der Schmerz allmählich nach.

Der zweite Kopfschmerz: Er schlich sich im Laufe des Nachmittags an mich heran, tat dabei eher harmlos, und als er mich dann vollkommen überwältigt hatte, war ich ziemlich überrascht. Mein Kopf fühlte sich an, als sei er mit irgendetwas Schwerem ausgegossen, womöglich Blei. Doch damit nicht genug, war zusätzlich so etwas wie ein eisernes Band um ihn herum gelegt. Die mit diesen Maßnahmen verbundenen Schmerzen waren enorm, allerdings so lange einigermaßen auszuhalten, wie ich mich vollkommen ruhig verhielt. Doch jede Bewegung und insbesondere der Versuch, den Kopf zu drehen oder zu neigen, löste extrem unangenehme und beängstigende Folgen aus. Nicht nur nahm der Schmerz bei jeder Bewegung zu, dazu kamen skurrile Veränderungen der Wahrnehmung, die als interessant oder lustig zu empfinden mir nicht gelang. So verzögerte sich etwa der Transport der veränderten Bilder beim seitlichen Drehen des Kopfes. Ich guckte nach links und sah noch eine Zeit lang geradeaus, bis die aktuellen Bilder sich einstellten. Dieses Phänomen ist mit digitalen Filmtricks leicht zu erzeugen, und jeder hat es schon einmal gesehen. Aber was auf Display und Mattscheibe ganz attraktiv sein mag, war als unmittelbarer Sinneseindruck doch eher beängstigend.

Sobald ich dazu in der Lage war, brachte ich mich in eine möglichst ruhige Umgebung. Ein kaltes Handtuch auf der Stirn wirkte lindernd, womöglich weniger wegen der Temperatur und mehr wegen des Gefühls einer beruhigenden Nähe von etwas. Als ich mich dann schließlich in die Dunkelheit des nächtlichen Schlafzimmers begab, stellt sich leider heraus, dass das vollkommene Fehlen von optischen Eindrücken die Sache nicht besser machte, sondern zu Schwindel, besser: zu Angst vor Schwindel führte. Also verbrachte ich eine dumpfe Nacht im Halbdunkel meines Arbeitszimmers. Am nächsten Morgen schwächten sich alle Phänomene ebenso rasch und diskret ab, wie sie sich zuvor aufgebaut hatten.

Beide Kopfschmerzen habe ich billigend in Kauf genommen, als ich mich im Vollbesitz meiner geistigen Kräfte zu zwei sehr spezifischen Handlungen entschied. Einmal war es die Corona-Impfung mit dem gerade nicht so gut beleumundeten Impfstoff AstraZeneca, der ich mich freiwillig (und ein bisschen heldenhaft, jedenfalls in der Eigenwahrnehmung) unterzog, um damit zur allgemeinen Immunisierung beizutragen. Ein andermal war es der Genuss mehrerer Gläser Tequila, zu dem ich mich (blöderweise, allerdings nicht in der Eigenwahrnehmung) entschloss, um mit der attraktiven Barkeeperin in einem Wiener Club im Gespräch zu bleiben.

Nun dürfen Sie raten! Was machte welche Kopfschmerzen? Und vielleicht die Zusatzfrage: Was nimmt der Mensch warum und wofür in Kauf? Jede Mail erhält eine freundliche Antwort.

Pandemiegewinner 7
Manfred, 52, Verwaltungsangestellter und Impfgegner

Ja, allseits Hallo. Ich bin der Manfred, und ich falle gleich mal mit der Tür ins Haus: Ich lasse mich nicht impfen. Mein letztes Wort.

Jetzt höre ich, wie Sie sagen: „Warum denn nicht? Ist doch im allgemeinen Interesse! Hast du vielleicht Angst? Ist doch nur so ein kleiner Pieks. Und danach ein bisschen Kopfschmerzen. Ist echt kein großes Ding. Kopfschmerzen hast du dir doch schon etliche Male selbst eingebrockt. Oder besser gesagt: eingeschüttet."

Ja, klar. Alles richtig. Aber das Argument haut zielgenau daneben. Ich hab nämlich keine Angst, nicht vor dem Pieks und nicht vor irgendwelchen Nebenwirkungen. Und wissen Sie, was? Sie haben Recht! Ich finde es im Prinzip vollkommen richtig, wenn man im Interesse der Allgemeinheit seine persönlichen Abneigungen überwindet. Damit laufen Sie bei mir offene Türen ein. Bei so was bin ich immer vorneweg dabei. Ich bin einer von denen, die an der Fußgängerampel auf Grün warten, auch wenn meilenweit kein Auto in Sicht ist. Könnte ja irgendwo ein Kind durch den Zaun gucken, und Kindern muss man ein gutes Beispiel geben. Also stehe ich wie ein Blödmann an der Ampel und warte, bis das grüne Männchen kommt.

Oder ein anderes Beispiel: Ich trenne Müll. Jawohl, vierfach! Biotonne, Papiertonne, Restmülltonne und neuerdings auch die gelbe. Manchmal stehe ich vor den Dingern, hab irgendwas in der Hand und muss wer weiß wie lange nachdenken, was in welche Tonne gehört. Dabei kann man überall nachlesen, also im Netz, dass der ganze Müll am Ende des Tages wieder in eine einzige Tonne gesteckt und irgendwo verbrannt wird, wenn sie ihn nicht sogar nach Afrika schippern. Und das ist noch nicht alles. Auch aus der heiligen gelben Tonne werden am Schluss nur zwanzig Prozent wirklich recycelt. Aber! Alles in allem ist die Mülltrennerei ein Schritt in die richtige Richtung. Zwanzig Prozent sind zwanzig Prozent mehr als nichts. Und deshalb soll man da nicht mosern, sondern einfach mitmachen und hoffen, dass die ganze Angelegenheit sich kontinuierlich verbessert. So sehe ich das. Und so mache ich das auch.

Und, wie gesagt: Das mit dem Impfen sehe ich ähnlich. Fragen wir uns doch einmal: Was ist denn passiert? Antwort: Da ist so eine neue Pest in die Welt gekommen, aber diesmal mussten wir nicht fünfhundert Jahre auf ein Gegenmittel warten, sondern nur ein einziges. Wahnsinn! Und natürlich gehen über dieses Mittel die Meinungen erstmal auseinander. In fünfhundert Jahren wissen wir bestimmt mehr darüber. (lacht) Jetzt gibt es erstmal dieses Pro und Contra und Hin und Her. Sieht schrecklich aus, aber wie soll es auch anders gehen? Im Ernst: Manchmal tun mir die Politiker richtig leid. Ich möchte jedenfalls nicht morgens aufstehen, mir die Inzidenzzahlen geben lassen und dann entscheiden müssen, wer wann wie wo rein darf und wer nicht. Nein, danke! Mein Respekt für die, die das machen.

Warum ich dann Impfgegner bin? Das fragen Sie sich, und mit Recht. Ich sag's Ihnen: weil ich einfach nicht hab widerstehen können. Das Angebot war zu stark. Ich hatte schon meinen Termin für die Erstimpfung, und im Büro war von nichts anderem die Rede als davon, wie schnell man einen bekommt, da ist mir plötzlich aufgegangen, dass das jetzt meine Chance war. Geh da nicht hin!, hab ich mir gesagt. Und sag allen, dass du nicht hingehst. Sei jetzt ein Impfgegner.

Sie fragen immer noch, warum?

Ja, warum? – Wenn ich das mal ganz unverblümt sagen darf: Weil ich ein anständiger Kerl bin und eine taube Nuss.

Jetzt fragen Sie: Was denn nun?

Und ich sage Ihnen: Eben beides. Ich hab im Leben nichts Besonderes zustande gebracht, aber ich hab auch keinen besonderen Mist gebaut. Ich bin mittelmäßig auf die Welt gekommen und später dabei geblieben. Aus Absicht? Weil ich nicht anders konnte? Aus Faulheit? Ich weiß es nicht. Es ist gekommen, wie es gekommen ist. Ich hab in der Verwaltung gelernt, genau wie mein Vater. Ich hab geheiratet und Kinder gekriegt, das alles hat einigermaßen funktioniert, aber das mit der Familie, das ist auch schon wieder irgendwie vorbei. Die Kinder brauchen mich nicht mehr, und meine Frau, ich glaube, die hat mich nie so richtig gebraucht.

Wie gesagt: Es gibt nichts Großes in meinem Leben, aber auch keine Katastrophen, zum Glück. Okay, ich hab immer mal wieder versucht, ein Stück nach vorne zu kommen. Aber dabei ist es mir im Leben jedes Mal so gegangen wie damals auf dem Fußballplatz, als ich ein kleiner Junge war. Immer hab ich versucht, durch die Zuschauer nach vorne zu kommen, damit ich besser sehen konnte, doch am Ende stand dann wieder so ein langer Lulatsch vor mir, und ich sah noch weniger als vorher. Meine

Frau sagt, ich hab keine Ellenbogen, aber man braucht ja nicht nur Ellenbogen, man braucht auch den Willen, sie auszufahren, und den hab ich wohl nicht.

Geschweige denn, dass mir irgendwas in die Wiege gelegt wäre. Gibt ja Leute, die haben so ein Irgendwas und können gar nichts dafür. Muss nicht mal sein, dass sie Rechengenies sind. Mein Kollege Sven zum Beispiel. Der ist wahrscheinlich von Geburt an freundlich. Der hat schon zu seiner Mutter im Kreißsaal gesagt: „Hallo Mama, hier ist dein Sven, schön, dich kennenzulernen." Und bei dem Stil ist er geblieben. Ich will nicht sagen, dass er gar nichts im Kopf hat, aber die hellste Kerze am Leuchter ist er sicher nicht. Egal, dafür hat er diese angeborene Freundlichkeit. Ich hab's in den letzten Jahren beobachtet. Sie haben ihn so lange von Posten zu Posten geschoben, bis er endlich im Beschwerdemanagement gelandet war, und da reißt er jetzt alles mit seiner Freundlichkeit. Er verdient inzwischen auch mehr als ich.

Aber, Leute, ich weiß genau: Wenn ich versuche, irgendwie besonders zu sein, dann geht das voll in die Hose. Das war schon immer so. Als Junge wollte ich zu Karneval immer groß rauskommen, hab mir Gott weiß wie viel Mühe gegeben, aber am Ende hatte ich unfehlbar das falsche Kostüm an. Eines, an dem jeder vorbeischaut. Wenn ich mich verkleide, werde ich vollkommen unsichtbar. Und später, wenn es um Politik und solche Sachen ging und ich mal mit einer besonderen Meinung rauskommen wollte, bin ich nur ins Fettnäpfchen getreten. So mit fünfundzwanzig, sechsundzwanzig hatte ich genug von diesen Lektionen und hab nur noch die Füße stillgehalten. Ich glaube, heute ist das so, dass mich die meisten Leute einigermaßen mögen, aber nur, weil sie sich mit mir nicht lange beschäftigen müssen.

Aber dann kam Corona. Und jetzt die Impfungen. Und das ist klar: In unserer Verwaltung lassen sich praktisch hundert Prozent der Leute impfen. Wer bei uns ist, der ist schon von vornherein bei denen, die tun, was die Mehrheit tut. Und ich meine das überhaupt nicht abwertend, im Gegenteil! Wäre ich nicht der Unsichtbare, der ich bin, dann wäre ich wahrscheinlich brav mit den anderen zur Impfung gedackelt. Aber ich bin nun mal einer, dem was fehlt und der nicht mal so genau sagen kann, was ihm eigentlich fehlt. Und deshalb habe ich einfach zugepackt. Ich habe, wie man so sagt, die Gelegenheit beim Schopf ergriffen, jemand zu sein, den man erkennt. Nach dem man sich umguckt. Und zu dem man sofort eine Meinung hat.

Also bin ich jetzt Impfgegner. Eine Stunde hab ich gebraucht, vielleicht ein bisschen mehr, dann wusste ich über alles Bescheid. In einer Stunde kriegt man mehr Argumente gegen das Impfen aus dem Netz, als man für hundert Stunden Diskussionen mit Impfbefürwortern braucht. Nebenwirkungen, Langzeitnebenwirkungen, Grundrecht auf körperliche Unversehrtheit, Grundrecht auf informationelle Selbstbestimmung, Verhinderung der Herdenimmunität, Potenzierung ökonomischer Schäden, flächendeckende psychische Traumatisierung, alles ganz seriöse Argumente, ganz zu schweigen von den diversen Verschwörungstheorien. Es braucht wirklich nicht viel, sich das draufzuschaffen. Und wenn es dann in die Diskussionen geht, dann steht man da wie jemand in der Schule, der fleißig für seine Prüfung gelernt hat und den keine Frage aus der Fassung bringt. Man muss nicht überzeugt sein, und man muss sich auch nicht wirklich auskennen. Man muss nur wissen, was man an der richtigen Stelle zu sagen hat. Dann kommt einem so schnell keiner bei.

Außerdem ist es jetzt endlich mal ein Vorteil, dass ich so stinknormal bin. Denn jetzt, wo ich bei uns der Impfgegner bin, heißt es nicht: „Aha, der Durchgeknallte, das sieht ihm ähnlich. Am besten gar nicht beachten." Sondern: „Ach guck, der Manni. Das hätte man nicht gedacht. Damit muss man sich jetzt ernsthaft befassen."

Und das tun die Leute. Und wie sie das tun! Es vergeht jetzt kein Tag, an dem nicht einer kommt, um mich zu überzeugen. Besser: um mich zu bekehren. Und ich, ich bin nicht bockig, ich schrei nicht rum, ich flipp nicht aus, und von den Verschwörungstheorien halte ich mich fern, so gut das geht. Also gibt derjenige oder diejenige irgendwann auf. Aber am nächsten Tag kommt der nächste, um es wieder mit mir zu versuchen. Auf die Art und Weise bin ich bei uns eine regelrechte Instanz geworden, eine feste Größe. Ich bin der Impfgegner. Bei meiner Frau funktioniert es nicht, die ignoriert das irgendwie, aber in unserem Freizeitsportverein, da funktioniert es, genau wie in der Nachbarschaftsgruppe. Und ob Sie es glauben oder nicht: Es sprechen mich jetzt Leute an, die ich gar nicht kenne, Bekannte von Kollegen oder von Sportfreunden, denen man von mir erzählt hat und die jetzt ihr Glück bei mir versuchen.

Und alle beißen sie auf Granit. Nein! Das ist der falsche Ausdruck. Ich tu ja niemandem weh. Ich bin einfach nur jemand, der von seinem Grundrecht auf eine eigene Meinung Gebrauch macht. Ich stehe auf dem Boden der Gesetze. Bloß, dass so, wie ich stehe, sich der Boden unter mir gehoben hat. Ich stehe jetzt einfach ein Stück höher, ich bin sichtbarer geworden.

Ich bin jetzt Manni, der Impfgegner. Das ist nicht viel, und ich bilde mir nichts Großartiges darauf ein. Aber es ist mehr, als ich früher war. Viel mehr. Das fühle ich, und das fühlt sich verdammt gut an.

33. Drei Großpackungen Verständnis
Ein Feiertagsgeschenk (1. Mai 2021)

Zum Tag der Arbeit unter Corona verteile ich heute drei Großpackungen Verständnis.

Erste Großpackung: Ich verstehe vollkommen die Prominenten aus Film und Fernsehen, die sich mit ironisch-sarkastischen Kommentaren (#allesdichtmachen) zur aktuellen Seuchenbekämpfungspolitik via YouTube zu Wort gemeldet haben.

Die Gründe: Bei der Handlungsweise dieser Menschen ist zunächst ihre finanziell gut abgepufferte Blasenexistenz zu berücksichtigen. Weder leiden sie unter beengten Wohnverhältnissen, noch sind sie den Zumutungen des öffentlichen Nahverkehrs ausgesetzt. Wenn sie arbeiten, dann an sogenannten Sets oder Locations, an denen – vollkommen richtigerweise! – die Seuchenschutzmaßnahmen derart penibel eingehalten werden, als wäre die Infektion mit dem Virus in jedem Fall unmittelbar tödlich.

Ich vermute nun, dass diese durch und durch privilegierte Existenz, in der man eventuellen Bedrohungen leicht aus dem Weg gehen kann, in den betreffenden Damen und Herren das Gefühl einer gewissen Unverwundbarkeit stimuliert und daraus folgend das satirische Gemüt geweckt haben könnte. Wichtiger noch erscheint mir allerdings ein anderer Befund. Liefers, Tukur, Becker et alii sind in ihren Film- und Fernsehproduktionen immer wieder auf der Suche nach Schuldigen und finden sie, richtig!, in den Bereichen von Autorität und Obrigkeit. Von wegen, der Mörder ist immer der Gärtner! Das war früher. Heute sitzen die Täterinnen und Täter im „Tatort" habituell hinter großen Schreibtischen und titelbewehrten Namensschildern. Der moralische Leitsatz all dieser Produktionen lautet: Wo Macht ist, muss auch Dreck am Stecken sein.

Folglich muss jemandem, der seit Jahr und Tag in den verschiedenen Formaten ermittelt, die Vorstellung in Fleisch und Blut übergegangen sein, dass überall dort, wo Schlimmes passiert, mit an Sicherheit grenzender Wahrscheinlichkeit die Autoritäten schuld daran sind. Amtsmissbrauch aufzudecken ist für die Betreffenden ein unwillkürlicher Reflex, der auch gerne mal so lange unreflektiert anhält, wie es braucht, einen Videoclip gegen die Corona-Maßnahmen zu drehen. Ich habe dafür vollstes Verständnis. Es handelt sich um eine sogenannte déformation professionelle, wie sie jeden von uns ereilen kann.

Zweite Großpackung Verständnis: Ich verstehe vollkommen die Initiative der zwölf europäischen Fußballvereine, eine eigene Liga zu gründen.

Die Gründe: Zunächst einmal muss unbedingt gesagt werden, dass der Plan nicht neu war. Beim FC Bayern, der jetzt seine Hände sehr populär in Unschuld wäscht, waren entsprechende Überlegungen schon vor Jahren angestellt worden, damals besonders betrieben vom langjährigen Manager Uli Hoeneß. Stärker aber noch entschuldigt die Vereinspräsidenten und Manager der Umstand, dass ihnen durch die Pandemie die wöchentliche Erinnerung daran gestrichen worden ist, dass Fußballstadien so aussehen, wie sie aussehen, weil sie für den Besuch von mehreren Zehntausend real existierender Zuschauer konstruiert wurden.

Aber jetzt, unter Corona: Aus den Augen – aus dem Sinn! Wenn schon ich mich allmählich daran gewöhne, dass einem Traumtor bloß noch ein paar hallende Schreie folgen, die mehr nach Schmerz als nach Freude klingen, wie soll dann bei den Herrn Vereinspräsidenten, die Fußball seit geraumer Zeit nur noch in Form von Geschäftsbilanzen wahrnehmen, die Erinnerung an jene Menschen gewahrt bleiben, für die Fußball etwas anderes (und mehr) als ein Verschieben von Ablösemillionen ist? So viel mnemotechnische Brillanz kann man den Leuten doch wirklich nicht zumuten. Und so ist es für mich vollkommen verständlich, wenn sie nicht absehen konnten, dass ihre Aktion zur Gründung einer Mega-Liga zum Zwecke des kontinuierlichen Geldscheffelns einen gewissen Volkszorn auslösen würde. Wer von ihnen konnte sich denn ernsthaft vorstellen, dass man mit einem Plakat um den Hals, auf dem sinngemäß steht: „Farbige Menschen sind doof", in den Straßen von Harlem keine Begeisterung erntet?

Nun, jetzt wissen Sie es.

Dritte Großpackung Verständnis: Ich verstehe die Macher der BILD-Zeitung bei ihrem Bemühen, möglichst jeden Tag eine ebenso aufwieglerische und nörgelnde wie zugleich saudumme Schlagzeile zu verfassen.

Die Gründe: Die Seuche ist, wie ich nicht müde werde zu sagen, ein gewaltiger Katalysator. Sie beschleunigt Entwicklungen, die sich bislang im Tempo X vollzogen haben, innerhalb kürzester Zeit auf 10 X. Dazu gehört unter anderem der Verlust an Einfluss und Deutungshoheit, den die Printmedien erleiden. Wenn der Masse der Seuchenbetroffenen die jeweiligen Inzidenzwerte, Schulschließungen, Geschäftsbesuchsvoraussetzungen etc. durch das Radio halbstündlich und durch die digitalen Medien minütlich bis sekündlich vermittelt werden, wer wartet dann noch wie zu Zeiten des Mediennutzungsbiedermeiers auf das Klippklapp, mit dem frühmorgens eine Zeitung durch den Briefschlitz geschoben wird, in der wahrlich alles von gestern ist?

Also habe ich großes Verständnis auch für die Macher der BILD-Zeitung, die inzwischen noch den letzten hirnrissigen, blödsinnigen, irregeleiteten, aber auf jeden Fall irgendwie aufputschenden Gedanken (wenngleich der Begriff „Gedanke" wohl unangemessen ist) zur Schlagzeile machen, gedruckt in Buchstaben, größer als jeder Finger, mit dem man noch einigermaßen gefahrlos in der Nase bohren könnte. Aus dem antiautoritären Unterstrom unserer Gesellschaft schöpft die BILD-Zeitung die schmutzigsten Klumpen, um sie für das Gold der freien Meinungsäußerung auszugeben.

Aber wie gesagt: Ich habe dafür Verständnis. Eine Reihe von Berufen steht momentan unter Verschwindensdruck, darunter der meinige, leider, und der des japsenden Skandaljournalisten. Wir alle strecken uns momentan nach der Decke. Wen darf es da wundern, wenn das jämmerlich aussieht?

34. Tapfer, tapfer!
Ein Wort zurück aus dem Exil? (3. Dezember 2021)

An einem heißen Sommertag des Jahres 1975 stand ich mit den anderen Rekruten auf dem Appellplatz unserer Kaserne, um dort das Feierliche Gelöbnis abzulegen. Ich war achtzehn Jahre alt, auf den Monat genauso alt wie mein Vater, als er im Frühjahr 1942 zur Wehrmacht eingezogen wurde. Ich nehme an, auch er hat ein Gelöbnis ablegen müssen, nein, es war sicher ein Eid, den er auf den Führer persönlich zu schwören hatte.

Ich will meine damalige Sensibilität für Sprache nicht im Nachhinein hochstilisieren, aber ich weiß ganz sicher, dass mir damals an der Gelöbnisformel zwei Worte besonders auffielen. Zur Information, die Formel lautet: „Ich gelobe, der Bundesrepublik Deutschland treu zu dienen und das Recht und die Freiheit des deutschen Volkes tapfer zu verteidigen."

In der Sache war das selbstverständlich. In den Wochen seit meiner Einberufung hatte ich bereits erfahren, womit die Verben „verteidigen" und „dienen" im soldatischen Alltag gefüllt wurden: Der Verteidigung diente die Ausbildung an verschiedenen Waffen, während sich das Dienen im Gehorchen realisierte, und das in einem Ausmaß und einer Intensität, die ich in meinem bisherigen Leben nicht kennengelernt hatte.

Aber die kurze Formel enthielt noch etwas, das über das inzwischen Wohlbekannte hinausging, nämlich zwei Adverbien zur näheren Bestimmung. Ich sollte geloben, „treu" zu dienen und „tapfer" zu verteidigen. Diese beiden Worte waren mir ein wenig suspekt; ich verband mit ihnen, ganz emotional und auf eine kaum reflektierte Art und Weise, ein Bewusstsein und ein Gedankengut, das mir, salopp formuliert, altmodisch, wenn nicht gar überholt erschien.

Treue, das war Mitte der siebziger Jahre eine in vielen Lebensbereichen zunehmend kritisch gesehene Tugend. Hinter Treue drohten die Vorstellungen von Blutsbrüderschaft, Männerbündlerei und Kadavergehorsam. Auch im Bereich des Sexuellen wurde Treue vielfach als überkommen betrachtet, die Aufforderung dazu als das Herrschaftsinstrument einer patriarchalischen Gesellschaft. Dem entgegen hieß es provokativ: „Wer zweimal mit der/demselben pennt, gehört schon zum Establishment."

Schlimmer noch: tapfer! Das Wort ging mir persönlich nahe, denn ich war in meinem bisherigen Leben so gar nicht das gewesen, was für meinen

Vater und seine Generation ein „tapferer" Junge war. Im Gegenteil: Ich war vorsichtig, zurückhaltend, zaghaft, ängstlich. Ich war ein Stubenhocker, eine damals durch und durch abwertende Bezeichnung. Kein Wunder also, dass ich mit achtzehn zu denjenigen gehörte, die dem Wort und der Vorstellung von Tapferkeit zumindest durch Ignoranz ihre alltagsprägende Kraft nehmen wollten.

Springen Sie jetzt bitte mit mir vom Jahr 1975 ins Jahr 2021. Vor ein paar Wochen standen in Nordrhein-Westfalen zwei Polizistinnen, zweiunddreißig und siebenunddreißig Jahre alt, vor Gericht. Ihnen wurde vorgeworfen, den bei einer Verkehrskontrolle angeschossenen Kollegen nicht unterstützt, sondern sich vom Tatort weg begeben zu haben. Der Vorwurf lautete in der Sprache der Juristerei auf „Körperverletzung durch unterlassene Hilfeleistung"; aber natürlich stand unausgesprochen dahinter, was den beiden Frauen tatsächlich vorgeworfen wurde: Feigheit. Und damit implizite: fehlende Tapferkeit.

Die Polizistinnen schilderten im Prozess die Situation sehr anrührend, in der Sprache von Opfern, deren Angst verständlich und nachvollziehbar sein sollte. Doch das Gericht verurteilte sie zu einem Jahr Gefängnis auf Bewährung, eine äußerst schwere Strafe, denn würde der Schuldspruch in einer höheren Instanz bestätigt, bedeutete das für die beiden Frauen eine Entlassung aus dem Polizeidienst. In der Berichterstattung über den Prozess war übrigens von Tapferkeit und Feigheit nur selten die Rede. Wahrscheinlich werden alle Beteiligten die Sorge gehabt haben, sich an solchen Wörtern die Zunge zu verbrennen.

Und jetzt noch ein dritter Sprung, ein kleiner, in den gestrigen Tag, an dem ich mir auf Anweisung von Wissenschaft und Regierung meine inzwischen dritte Corona-Impfung abgeholt habe. Den Rest des Tages habe ich dann auf der Couch verbracht, mit Kopfschmerzen und Schmerzen im linken Arm.

Und nun, Sie haben es vielleicht kommen sehen, die Frage: Habe ich aus schierem Eigennutz gehandelt und die Kopf- und Gliederschmerzen in Kauf genommen, um mich vor einer wesentlich gefährlicheren Krankheit zu schützen? Oder habe ich darüber hinaus ein gesundheitliches Risiko auf mich genommen, um mich selbst aus der Übertragungskette der Pandemie herauszunehmen und damit andere Menschen zu schützen, darunter Menschen, die ich gar nicht kenne und die mir nur sehr wenig bedeuten? War ich also – tapfer?

In der Wikipedia wird Tapferkeit so definiert: „die Fähigkeit, in einer schwierigen, mit Nachteilen verbundenen Situation trotz Rückschlägen durchzuhalten. Sie setzt Leidensfähigkeit voraus und ist meist mit der Überzeugung verbunden, für übergeordnete Werte zu kämpfen." Ebendies hatte ich im August 1975 gelobt. Nicht mich allein, sondern das „Recht und die Freiheit des deutschen Volkes" sollte ich verteidigen, also einen „übergeordneten Wert". Allerdings habe ich damals gleichzeitig, mehr oder weniger reflektiert, daran mitgearbeitet, dass das Wort und damit die Vorstellung von Tapferkeit aus dem Alltagsdiskurs verschwanden.

Und war das erfolgreich? Wie steht es momentan um die Tapferkeit? Ich bin dem Wort durchs Netz ein bisschen hinterhergegangen. Tapferkeit ist offenbar wieder sagbar oder „aussprechlich" geworden, nämlich in Verbindung mit den Leistungen der Menschen im Gesundheitssystem. Darüber hinaus ergeht tatsächlich wohl vielerorts die Aufforderung, tapfer zu sein, gerade an Menschen, die kurz vor dem ominösen Pieks in den Oberarm stehen und noch mit ihrem Mute ringen. Die Wortkombination „tapfer, impfen" erbringt momentan in der prominentesten Suchmaschine knapp eine halbe Million Treffer.

Kehrt also die Tapferkeit zurück? Vor ein paar Jahren hat sich der Zeitgeist das Wort „Heimat" aus dem Reservat zurückgeholt, in das man es wegen seiner braunen Vergangenheit gesperrt hatte. Seitdem gibt es unter anderem Heimatministerien und Heimatpreise. Man kommt offenbar ohne das Wort nicht aus, wenn es darum geht, zeitgenössische Probleme der Identität zu besprechen.

Und ich könnte mir vorstellen, dass es momentan auch nicht ohne tapfer und Tapferkeit geht. Der Angriff des Virus setzt sich unvermindert fort. Die Zumutungen sind gewaltig. Als selbstständiger Künstler weiß ich, wovon ich rede. Jeden Morgen muss ich ein wenig tapferer als am Morgen zuvor sein, um mich durch einen Tag arbeiten zu können, an dem sich wieder einmal niemand für meine Arbeit interessieren wird. Wie viele andere muss ich meine Leidensfähigkeit permanent unter Beweis stellen, auch dann, wenn außer mir niemand hinsieht. Tapfer tue ich vieles, das wahrscheinlich nur ein „Als ob" ist; und ein Tag ist schon gar nicht so schlecht gewesen, an dem es keine nennenswerten Rückschläge gegeben hat.

Und nun, als Quintessenz von allem, eine Frage. Ich frage all diejenigen, die sich aus welchen Gründen auch immer vor der einzigen Abwehrmaßnahme gegen das Virus verwahren, die uns bislang bekannt ist: Liebe

Impfgegner, wäre es nicht denkbar, ihr würdet all eure Eigenheiten und Eigentümlichkeiten und Identitäten und Idiosynkrasien in einem Akt der Tapferkeit aufheben? Sprich, euch mal eben impfen lassen. Womöglich nach dem Motto: „right or wrong, my country". Was so ein Stubenhocker wie ich geschafft hat, das schafft ihr doch auch.

Und schaut mal: Ihr habt es mit Querdenken, Bockigkeit, alternativen Fakten und Theorien versucht, mit „habeas corpus", Dickfälligkeit, Angst und Sorge. Seid ihr damit glücklich geworden? Vielleicht versucht ihr es jetzt einmal zur Abwechslung mit Tapferkeit. Ich verrate euch: Das fühlt sich gar nicht so schlecht an. Und die Kopfschmerzen waren auch nicht schlimmer als die nach einem verunglückten Abend in der Kneipe.

35. Querdenker und Quer-Denker
Ein Appell (24. Dezember 2021)

Die Pandemie sorgt immer noch täglich für Verluste, darunter auch für den dauernden Verlust sicher geglaubter Erkenntnisse und felsenfester Überzeugungen. Ich bin mir daher dessen bewusst, dass meine momentane Verstimmung kein Sonderfall ist. Nichtsdestotrotz – sie schmerzt. Worum es geht? Darum, dass mir ein Titel aberkannt wird.

Nein, meinen Doktor darf ich (im Gegensatz zu einigen besonders populären Personen) behalten. Aber den Quer-Denker habe ich abgeben müssen. Und das ist bitter! Ein ganzes Leben habe ich daran gearbeitet, diesen Titel zu erwerben und zu behalten. Klein habe ich angefangen als Querkopf, zuerst in der Familie, dann in der Schule und zunächst noch aus einer instinktiven Abwehr gegen alles, was sich frech als (im Gegensatz zu mir) „normal" bezeichnete. Später an der Universität erhielt ich die geistesgeschichtliche Legitimation für meine Haltung, und zu meinem Motto machte ich einen Aphorismus von Karl Kraus: „Die Richtung ist immer klar – gegen den Strom."

Ach, ich könnte jetzt Seiten füllen mit Beispielen für die Anstrengung, die ich in das Quer-Denken gesteckt habe, und für die Befriedigung, die ich daraus gezogen habe. Wie bitter ist es da, wenn jetzt ein Teil unserer Gesellschaft mit dem (in meinen Ohren) ehrenden Titel Querdenker belegt wird, und das oftmals bloß für einen Akt schieren Nichtstuns in der speziellen Form des Sichnichtimpfenlassens.

Ich empfinde das als eine bodenlose Ungerechtigkeit. Ich habe mich mein Leben lang abgerackert, damit mein Quer-Denken eine Form bekommt, in der es sich in der Öffentlichkeit sehen lassen kann, zum Beispiel als Essay oder als Roman. Doch nun kann man offenbar durch kleine Verweigerungen oder sogar bloß durch abendliche Spaziergänge zu einem Querdenker werden und es überdies in die Schlagzeilen der Presse und in die Tagesschau schaffen.

Daher appelliere ich hiermit an alle öffentlichen Sprecherinnen und Sprecher: Bitte nehmen Sie den ehrwürdigen Titel des Quer-Denkers vor einer solchen Banalisierung in Schutz! Es gibt für Menschen, die sich aus welchen Gründen auch immer nicht an einer kollektiven Abwehrmaßnahme gegen eine gravierende Pandemie beteiligen wollen, eine Reihe anderer Bezeichnungen, mit denen sie sicherlich besser charakterisiert sind. Sorgen Sie bitte dafür, dass man den wahrhaft und angestrengt Quer-Denkenden wieder den schuldigen Respekt zollt. Lassen Sie nicht zu, dass deren mühsames Lebenswerk öffentlich in eins gesetzt wird mit kleinen Akten der schieren Verweigerung.

Retten Sie das Quer-Denken!

Pandemiegewinner 8
Adele, 7, Labradorhündin

Wow, ich bin die Adele. Ich bin sieben Jahre alt, also kein ganz kleines Mädchen mehr. Im Gegenteil, ich weiß, wo der Hase lang läuft, und ich weiß auch, dass das eine Metapher ist, denn für real existierende Hasen interessiere ich mich nicht die Bohne. Ich meine damit vielmehr, dass ich ziemlich genau weiß, wie die Lebewesen ticken, mit denen ich zusammenlebe.

Wir sind ein sogenanntes gemischtes Rudel. Zwei Menschen, meine Menschenmama und mein Menschenpapa, die leider absolut alles zu bestimmen haben, nicht zuletzt, weil ihnen die angeborene Stellung der Daumen an ihren Vorder- bzw. Oberpfoten erlaubt, die Kühlschranktür zu öffnen. Dagegen kommt man als Labradorhündin nicht an, auch wenn man sich noch so viel Mühe gibt, intelligente soziale Interaktion zu betreiben. Das vierte Mitglied unseres Mischrudels ist mein Hundepapa Monty, der schon ziemlich alt und manchmal ein bisschen komisch ist. Ich bin mir sicher, dass er von dem, was momentan so läuft, so gut wie gar nichts mitkriegt.

Und was läuft? Ja, was denn wohl – natürlich diese Seuche! Eine Seuche nur für Menschen, ausnahmsweise. Jahrelang hat es irgendwelche Krankheiten gegeben, die die armen Schweine aus unserer Tierfraktion dezimiert haben. Dabei waren die armen Schweine manchmal arme Schweine, manchmal wahnsinnige Rinder und manchmal verpestete Hühner oder vergrippte Vögel. Alles natürlich höchst ansteckend, möglicherweise auch für den ach so wertvollen Menschen, sodass aus Gründen der Vorsicht (und das ist ganz bestimmt kein Zynismus!) immer gleich ganze Populationen von ein paar Tausend Stück Tieren allemacht werden mussten.

Aber jetzt haben wir Corona. Zur Abwechslung mal eine Seuche, die für Tiere so gut wie gar nicht gefährlich nicht, für Menschen dagegen umso mehr. Wie ich es aber richtig vorhergesehen habe, gehen die Menschen jetzt nicht hin und eliminieren die Infektionsherde durch Massenschlachtung qua Bombenabwurf. Stattdessen stellen sie dauernd komplizierte Regeln auf, damit sich möglichst wenige anstecken; überdies haben sie ein Mittelchen erfunden, mit dem sie sich immun machen können. Ich möchte nicht wissen, was passiert, wenn einmal so etwas wie Dog-Corona ausbricht. Werden sie dann auch so einen Aufwand treiben? Oder stehen sie bloß mit einer Träne im Knopfloch am Bürgersteig, wenn unsereins von Leuten in Taucheranzügen mit Pesthüten abgeholt wird, um anschließend irgendwo – aber lassen wir das.

Ich bin sowieso jemand, der lieber positiv denkt. Auch jetzt. Und gerade jetzt. Wenn ich es nämlich so alles in allem betrachte, dann kann ich schon sagen, dass ich für mein Teil von der Seuche profitiere.

Im Ernst!

Es fängt damit an, dass man mehr mit mir spazieren geht. Irre lange Touren, rund um unseren verschlafenen Vorort. Tatsächlich habe ich jetzt Gegenden kennengelernt, in denen Hunde leben müssen, zu deren Duftmarken mir überhaupt nichts einfällt. Ist aber spannend, regt die Gedankentätigkeit an und führt manchmal dazu, dass ich abends auf dem Sofa noch eher einschlafe als meine Menschenmama und das, obwohl mein Menschenpapa neben mir Erdnüsse isst.

Es wird auch besser über mich geredet. Nicht, dass vorher allzu schlecht über mich geredet worden wäre. Ich bin ja, wie gesagt, ein Labrador, also „willing to please", das heißt den ganzen Tag über damit beschäftigt, Menschen für mich und meine Belange einzunehmen, als da wären: was fressen, was mehr fressen und noch was fressen. Aber seit der Seuche bin ich nicht nur „süß", „lieb" und, mit einem gewissen Abstand, „gehorsam", sondern werde überdies in immer kürzeren Abständen als wichtiger Akteur bei der Prävention und Vermeidung depressiver Zustände gefeiert. Ich bin nämlich nicht nur die über jeden Lockdown und jede Ausgangssperre triumphierende Lizenz zum Vor-die-Tür-Gehen. Nein, darüber hinaus trage ich durch meine konsequent gute Laune und meine vollkommene Abstinenz von Verschwörungstheorien ganz wesentlich dazu bei, die mentale Verfassung der Menschen in unserem Mischrudel zu stärken.

Haben Sie das verstanden? Ich nur so halb. Aber mein Menschenpapa hat sich schon mehrmals vor Bekannten mit genau diesen Worten geäußert, ich hab's mir gemerkt und übersetze es mir damit, dass meine Menschen einfach noch ein bisschen mehr als sonst froh sind, so eine wie mich um sich zu haben. Sprich, so einen Ausbund an Lebensfreude, Freundlichkeit, Gleichmut und positiver Einstellung, dem keine Seuche auch nur im Geringsten den gesunden Appetit verderben kann. Es ist einfach schön, mit jemandem wie mir zusammenzuleben, für den die Erkennungsmelodie der Tagesschau, komme darin vor was wolle, immer nur der Hinweis darauf ist, dass jetzt meine abendliche Couchstunde beginnt, in der, wenn ich nicht gerade zu erschöpft bin, manche Erdnuss und mancher Keks für mich abfallen. Seit Corona übrigens, und dafür muss man kein Rechengenie sein, deutlich mehr als zuvor!

Aber ich will auch nicht allzu blauäugig sein. Es gibt Vertreter meiner Art, die nicht wie ich zu den Gewinnern der Pandemie zählen. Ein paar davon habe ich auf unseren Spaziergängen bereits getroffen. Das sind die armen kleinen Welpen, die sich momentan wohl ziemlich viele Menschen mal eben schnell besorgt haben, um die seuchenbedingte Leere in ihrem Leben mit einem unschuldigen Hundekind auszufüllen.

Dagegen ist im Prinzip nichts einzuwenden. Schieben wir die ganze rosa gefärbte Sentimentalität einmal brutal zur Seite, dann bleibt die unverrückbare Tatsache, dass Menschen sich in aller Regel Hunde zulegen, damit es ihnen besser geht. Wohlgemerkt; ihnen, nicht den Hunden! Wir Hunde ersetzen menschliche Partner, die es nicht oder nicht mehr gibt, Kinder, die nie gekommen oder schon wieder gegangen sind. Wir kitten Partnerschaften und Ehen, indem wir für gemeinsamen Gesprächsstoff oder wenigstens für Ablenkung sorgen. Manchmal, und leider viel zu oft, helfen wir sogar dabei, ein Minderwertigkeitsgefühl zu kompensieren, was dann allerdings leicht zu Kettenhalsbändern und Bisswunden führt.

Das ist nun einmal so, und manchmal ist es ganz schön übel. Entwickelt sich die Beziehung Mensch-Hund wenigstens zu einer funktionierenden Symbiose, dann ist schon viel gewonnen. Momentan habe ich allerdings die Sorge, dass eine verdammt große Zahl von Artgenossen nur angeschafft wird, um ein Problem zu lösen, das mit der Seuche wieder verschwindet. Und dann ist der kleine Hund womöglich nicht mehr die Lösung des Problems, sondern das Problem selbst. Statt auf lange, einsame Spaziergänge geht Mensch dann wieder in den Biergarten oder nach Malle oder sonst wohin, wo Püppi und Bonzo nur stören. Statt der Austragungsort für Welpen-Intelligenzspiele zu sein, beherbergt das Wohnzimmer wieder die „Jungs", also Männer in mittlerem Alter, die höchst erfolgreich versuchen, noch lauter zu brüllen als die Zuschauer in den endlich wieder gefüllten Stadien, aus denen das immergleiche Ballspiel übertragen wird, an dem der Hund nicht teilnehmen darf.

Ich hab versucht, ein paar der kleinen Neulinge darauf anzusprechen. Aber für solche Überlegungen waren die nicht unbedingt zugänglich, oder besser gesagt: einfach zu duslig im Kopf, weil immer noch vollkommen überwältigt von der Komplexität ihres neuen Mischrudels und dem Duftmarkenchaos im Park. Außerdem kann ich ja auch rein gar nichts für sie tun. Ich bin nur eine charmante Labradeuse und nicht die Mutter Teresa der Welpen-Fehlkäufe. Ich kann nur hoffen, dass nach dem Ende der Seuche alle hiesigen Hundefreunde und Hundefreundinnen mit ausgeprägtem Helfersyndrom sich eine Zeit lang von unseren armen Kollegen im mediterranen Raum ab- und den hiesigen Problemfällen zuwenden mögen.

Denn dann wird gelten: Hic Rhodos, hic salva canes! (Für Nichtlateiner: Hier spielt die Musik, hier rette Hunde!)